浙江省自然科学基金资助项目（项目批准号 LY19G030023）
浙江工业大学人文社会科学后期资助项目
浙江省哲学社会科学规划课题（课题编号 23NDJC093YB）
浙江省哲学社会科学规划课题（课题编号 22NDJC056YB）
国家自然科学基金项目（项目批准号 71473224、71073146）

U0515390

上市公司股权激励信号传递效应研究：

基于业绩考核指标的视角

SHANGSHIGONGSI GUQUAN JILI
XINHAO CHUANDI XIAOYING YANJIU:
JIYU YEJI KAOHE ZHIBIAO DE SHIJIAO

侯和宏　邬伟娥　唐根年　著

中国财经出版传媒集团
经济科学出版社
Economic Science Press

图书在版编目（CIP）数据

上市公司股权激励信号传递效应研究：基于业绩考核指标的视角 / 侯和宏，邬伟娥，唐根年著． -- 北京：经济科学出版社，2022.9

ISBN 978 - 7 - 5218 - 3742 - 1

Ⅰ．①上⋯ Ⅱ．①侯⋯ ②邬⋯ ③唐⋯ Ⅲ．①上市公司 - 企业管理 - 激励 - 研究 - 中国 Ⅳ．①F279.246

中国版本图书馆 CIP 数据核字（2022）第 103111 号

责任编辑：周胜婷
责任校对：李　建
责任印制：张佳裕

上市公司股权激励信号传递效应研究：基于业绩考核指标的视角

侯和宏　邬伟娥　唐根年　著

经济科学出版社出版、发行　新华书店经销

社址：北京市海淀区阜成路甲 28 号　邮编：100142

总编部电话：010 - 88191217　发行部电话：010 - 88191522

网址：www. esp. com. cn

电子邮箱：esp@ esp. com. cn

天猫网店：经济科学出版社旗舰店

网址：http://jjkxcbs. tmall. com

固安华明印业有限公司印装

710×1000　16 开　13.75 印张　210000 字

2022 年 9 月第 1 版　2022 年 9 月第 1 次印刷

ISBN 978 - 7 - 5218 - 3742 - 1　定价：79.00 元

（图书出现印装问题，本社负责调换。电话：010 - 88191510）

（版权所有　侵权必究　打击盗版　举报热线：010 - 88191661

QQ：2242791300　营销中心电话：010 - 88191537

电子邮箱：dbts@ esp. com. cn）

前　言

　　股权激励信号传递，是指公司披露的股权激励草案能向资本市场投资者传递价值相关的信息。本书着重分析股权激励草案所披露的业绩考核指标向资本市场传递的两方面信息。一是以利润为基础反映股东回报和公司价值创造的业绩考核指标；二是以收入为基础反映企业持续成长能力的业绩考核指标。本书认为，实施股权激励的上市公司所披露的业绩考核指标信息在决定公司股票价格上具有十分重要的作用。

　　本书对股权激励在资本市场上的信号传递效应进行了深入细致的研究，收集了 2006~2020 年我国所有上市公司股权激励草案公布的业绩考核指标，建立了一个完整的上市公司股权激励信息数据库，运用了广义倾向得分匹配法解决了股权激励及其业绩考核指标制定过程中因内生性导致的估计偏误，使用了基于公司特征匹配的 BHAR 法和基于日历时间投资组合的 Jensen - alpha 法，检验了股权激励信号在资本市场上的传递效率问题。本书为市场投资者理解股票的定价机制、股票价格对市场信息的反应过程提供了一个理论框架，对于优化上市公司投资者回报机制具有重要意义，对于科学引导我国上市公司股权激励实践具有重要的理论与现实意义。

　　本书获得浙江省自然科学基金一般项目（LY19G030023）、国家自然科学基金项目（No. 71473224、No. 71073146）和浙江工业大学人文社会科学后期资助项目的资助。本书的出版得到了宋承发老师的帮助，并得益于经济科学出版社编校人员的细致工作。这里一并表示衷心感谢。

　　本书的读者对象包括各高等院校会计、财务管理和金融学等相关专业的教师和研究生。对于金融行业从事证券投资的工作人员、资本市场监管部门相关决策者、研究者而言，本书也是有价值的参考资料。

由于受到现有相关资料和笔者水平的限制，不能顾及上市公司股权激励的方方面面，书中难免有疏漏之处，恳请读者不吝批评指正。

侯和宏

2022 年 4 月 30 日

目录

第一章

导　　论

第一节　选题背景

一、问题的提出

股权激励作为一种调动经营者积极性和创造性的市场化长期激励工具，正在逐渐被上市公司普遍采纳，对于引导公司价值提升，推动企业实现高质量发展具有积极作用。从完善上市公司治理的角度看，股权激励是上市公司激励约束机制建设的重要环节，关系到上市公司的规范运作与长远发展。健全的股权激励机制能将股东利益、公司利益和经营者个人利益结合在一起，减少管理者的机会主义行为，使其更加关心公司的长期利益。

在股权激励实施的过程中，由于市场投资者与企业经理人之间存在信息不对称，影响了资本市场配置效率，因而需要实施股权激励的公司公开披露与未来业绩相关的考核指标措施以及激励方式、权益授予数量、授予价格、时间安排等内容。换言之，只有在公司未来业绩达到要求时管理者才能获得收益，因此管理者愿意接受股权激励本身就表明其对企业未来是有信心的，而这对于市场投资者来说是非常有价值的。相应的，股权激励草案所披露内容向市场传递了哪些信息，市场对其又是如何评价的，构成了本研究所关注的内容。

二、现实政策的关注

自从 2006 年起正式实施《上市公司股权激励管理办法（试行）》以来，我国上市公司股权激励实践已经有了 16 年的历史，截至 2020 年底已经有 1707 家公司实施了股权激励。值得注意的是，自 2016 年 7 月开始，证监会对股权激励管理办法进行了重大修正，本着宽进严管的监管理念，放松管制、加强监管，开启了以信息披露为中心，逐步形成公司自主决定的、市场约束有效的上市公司股权激励制度。证监会强调股权激励在增强企业核心竞争力的同时，要注重优化上市公司投资者回报机制，保护投资者合法权益。从法规政策层面上将股权激励的信息披露与投资者权益保护问题联系起来。因而以股权激励业绩考核指标对公司价值的影响为切入点，研究股权激励的信号传递效应便成为政府与学术界共同关心的课题，具有重大的现实意义。本书尝试使用一个完整的分析框架对该问题展开深入的分析。

第二节　研究思路、目的与意义

一、研究思路

从委托代理理论的角度看，股权激励信号传递效应问题，同时涉及道德风险和逆向选择问题。首先，股权激励是为了解决经理人道德风险问题所采取的措施。其次，经理人作为内部人拥有比外部投资者更多的信息，通过股权激励可以向外部投资者传递出企业价值信息。因而股权激励既有信息功能又有契约功能。

从实证会计研究的观点看，选择股权激励为切入点研究价值相关性问题，可以同时兼顾会计信息的契约动机和信息动机。从契约观的角度看，股权激励包含的业绩考核评价指标为评价管理层的业绩提供了标准。管理层基于业绩指标通过一段时期的努力行动达到考核要求的过程也是提高公司绩效、增加股东财富的过程。从信息观的角度看，股权激励草案所披露的以会计信息为基础的业绩考核指标预示了上市公司未来的业绩水平，提供了关于公司持续盈余的信息。市场参与者在对这些信息的解读与消化吸收的过程中重新形成新的预期，塑造了市场价格形态。从理论上看契约观下的业绩考核度量与信息观下的用于评估市场价值的未来业绩承诺是一致的。换言之，股权激励的信息传递效应研究实现了契约观与信息观的统一。

这里我们要对本研究的基本范畴——信号传递效应做一个界定。本研究将信号传递界定为资本市场事件所包含的信息内容导致市场投资者对事件结果预期的变化。在本研究的背景下，如果一家公司披露的股权激励草案导致投资者对未来收益（或价格）的概率分布的评估发生变化，那么该公司的股权激励公告就被认为具有信息内容。

二、研究目的

在上述思路的指引下，本书旨在研究股权激励信息传递效应的内在机理，通过实证分析，检验不同种类业绩考核指标的信号传递效应，分析哪类指标可以更好地缓解经理人与外部投资者的信息不对称，更有利于提高资金的使用效率，促进企业将资源配置在更有效率的投资机会上。同时，分析检验股权激励信息披露的资本市场效应，以及公告中的业绩指标是否具有价值相关性。

股权激励属于中长期的薪酬契约。以未来盈余为基础的业绩考核指标在股权激励实施过程中被广泛地应用，有助于提高公司治理效率，识别有利的投资机会。这可以从两个方面进行理解。

第一，从公司治理的角度看，业绩指标有助于薪酬管理委员会对经理人的考核，引导经理人把资源分配至收益高且风险相对较小的投资项目上，防止经理人的机会主义行为对股东利益的攫取，缓解代理问题。

第二，从投资机会的角度看，股权激励的业绩考核条款，往往是参考同行业的平均业绩水平制定的，这有助于经理人区分项目的投资机会，基于行业的相关盈利指标来识别好的投资项目。

通过上述两个方面的影响，股权激励最终会影响到企业的价值。

三、研究意义

本研究为市场投资者理解股票的定价机制、股票价格对市场信息的反应过程提供了一个理论框架，也为证券投资实业界提供了一个理论参照。对于科学引导我国上市公司股权激励实践具有重要的理论与现实意义。

（一）促进良序资本市场的形成，引导企业创新，实现高质量发展

从资本市场效率和投资者利益的角度看，股权激励披露的信息有助于缓解公司内部经理人与外部投资者的信息不对称，降低了融资渠道中的逆向选择，并减少了投资者的流动性风险。股权激励的业绩考核指标相当于公司对未来业绩的承诺，降低了不知情的投资者与知情的投资者之间交易的损失风险，从而吸引更多的资金进入资本市场，同时有助于形成一个风险低、流动性强的良序资本市场（Bushman and Smith，2001）。这一方面可以促进企业进行高回报、长期的投资，另一方面引导企业进行技术创新，实现经济高质量发展。这里，可信性高的股权激励业绩考核指标可以为良序的资本市场功能的发挥提供重要支持。

（二）提升资源配置效率，完善外部市场监督，改善管理激励

股权激励信号传递效应研究在检验业绩指标的信息含量的同时，也检

验了资本市场的有效性。一方面，从经济整体资源配置的角度看，准确反映市场信息的股票价格有助于将一个经济体中的稀缺资源配置到最有价值的用途上。另一方面，运转良好的股票市场可以促进公司收购，从而取代表现不佳的经理人，进而有助于改善管理激励。

（三）丰富发展理论研究，完善股权激励披露准则，优化投资者回报

从监管政策上看，我们的研究从理论上论证了股权激励业绩考核指标向资本市场传递信息的机理，通过实证研究为股权激励业绩考核指标等相关条款的信息披露效率提供了证据上的支持，同时也为相关职能部门制定和完善更有效的披露准则提供了依据，有利于优化上市公司投资者回报机制。

第三节　本书的结构安排与贡献

一、本书的结构安排

第一章导论，介绍了本书的选题背景和写作动因，解释了本书采用的研究方法，说明了研究思路和目标，给出了全书的结构安排，总结了本书的学术贡献。

第二章文献回顾与研究进展，旨在总结与本研究相关的三支理论文献，分别是管理层薪酬激励研究、管理层薪酬契约中的代理问题研究和信号传递研究，为理论模型和分析框架的构建奠定基础。本章还围绕股权激励的经济后果，分别从盈余管理研究、股利分配、投资效率等多个视角梳理了主要结论以及相关研究的最新进展，并着重讨论本研究与这些文献的联系和分殊之处，更好地实现本书的立意与创新。

第三章股权激励信号传递理论模型，构建了一个基于交易成本不对称

的股权激励信号均衡模型。模型基于贝叶斯完美均衡思路展开，证明了在信号传递交易成本不对称的条件下，存在股权激励业绩考核指标的信号分离均衡，厘清股权激励信号传递形成的逻辑。接着通过比弗模型（Beaver et al, 1980）阐释了理论模型在实证方面的含义，说明了股权激励草案披露的业绩指标等信息内容对股票价格的影响，以及与市场价值之间的联系。

第四章实证研究设计与估计方法，介绍了实证研究的数据来源与整理过程，对实证模型变量的定义和测量做出解释。对实证研究采用的估计模型与方法进行说明，分析了传统事件研究法的局限性，结合本书研究内容给出了解决方案。

第五章我国上市公司股权激励制度背景与特征事实，对我国股权激励相关制度的出台背景，相关法规政策的历史沿革进行了梳理。厘清我国股权激励计划的特征事实，是股权激励信号传递效应研究的基础。本章分别对股权激励计划的时间、板块和行业分布特征进行归纳描述，深入分析了股权激励业绩考核指标的数量特征。在此基础上，分别以股权激励草案公告日的异常收益率、收益率的方差变化率和换手率对资本市场的反应进行了度量刻画。

第六章股权激励信号传递效应。探讨了股权激励标的物的选择、业绩考核指标在程度上的差异以及行权价格/授予价格的不同所导致的不同的市场反应。本章分为三部分内容：第一，在股权激励标的物的选择上，对比分析了股票期权和限制性股票在市场反应上的差别，由于股票期权与限制性股票对经理人在风险承担行为上的影响存在差异，进而会对公司价值产生不同的影响。在实证分析中，本章采用倾向得分匹配法控制可能存在的遗漏变量偏误问题，接着，基于经理人的风险厌恶和损失厌恶心理，从风险冲击导致的凸型薪酬结构的角度，对实证结果进行解释。第二，在业绩考核指标上，本章探讨了三种常见的考核指标——净资产收益率（ROE）、利润增长率、销售收入增长率，对事件日前后股价变动的影响，其中，净资产收益率、利润增长率共同属于利润业绩考核指标。本章分别从未预期盈余的时间序列特征（可持续性）和未预期盈余的波动性（风险性）两条路径，基于估值模型阐释了利润业绩指标在资本市场上信号传递的机理。针对业绩考核指标是连续变量的特点，本章采用广义倾向得分匹配法减轻可能存在的在考核指标设定方面的选择性偏误，然后结合股票异常收益率和市场非预期盈余之间的关系对结果进行深入的探讨。除了利润业绩指标之外，一些非利润指标，例如销售收入指标也被广泛用于股权激励业绩考核计划。这是因为管理层可能出于机会主义动机操控应计项目，导致盈余信息含量降低。因而需要从能够反映盈余基本面的角度进行分析，以期发现其他具有反映盈余增量信息的组成部分。这里的关键是厘清收入增长与未来盈余之间的关系。本章分别从两个方面对收入业绩指标在资本市场上的信号传递形成逻辑加以说明，一是收入和费用的时间序列特征，二是盈余组成部分的经济特征与管理层的操控难易程度；然后使用广义倾向得分匹配法对数据进行分析。第三，从行权价格/授予价格的角度衡量股权激励实施过程中经理人的机会主义行为程度，进一步探讨行权价格因素在资本市场上的信息传递效应问题。我们以管理层机会主义行为动机为切入点，分析股权激励方案在行权价格设定问题上管理层存在的机会主义行为。根据证监会的披露要求，基于行权价格，构建了反映行权难易程度的变量。运用倾向得分法和广义倾向得分匹配法实证检验了行权价格/授予价格信息对企业价值的影响。

第七章股权激励公告后的股价漂移异象，在一个更长的时间范围内对股权激励实施后的公司股价的长期表现进行分析，提出了两个问题：对于股权激励公告，是否存在股价漂移异象的证据？资本市场是否对股权激励公告信息反应不足？在证实这两个问题的基础上，探讨了异常现象及其可能的成因。在实证检验部分，我们使用两种主流的长期事件研究方法分析股权激励公告后的股价漂移异象，一是基于公司特征匹配 BHAR 法，二是基于日历时间投资组合 Jensen-alpha 法。这两种方法优势互补，结论互相参照。在对股价异象的解释部分，借鉴行为金融学理论分别从投资者心理偏差、有限理性、套利者面临的交易成本与风险等角度对股权激励后股价的长期表现进行说明。

第八章研究结论与展望，对本书的主要结论进行概括总结，并展望了未来的研究前景。

二、本书贡献

与现有文献相比，本书有三个方面的贡献。

第一，将股权激励业绩考核指标纳入资本市场事件研究框架。从现有对股权激励的研究成果来看，内容主要集中在与股权激励相关的企业行为方面，例如盈余管理、股利分配和投资效率等方面，忽视了股权激励对资本市场所产生的影响。股权激励披露相关业绩考核指标作为反映企业未来业绩的重要信息，对于股票市场价格形成机制具有重要意义，在现有的研究成果中尚未被重视。股权激励披露的信息内容对市场投资者关于股票未来收益概率分布预期的影响形成机理尚未得到系统研究。因此，本书将股权激励业绩考核指标纳入资本市场事件研究框架，从微观视角研究业绩考核指标对市场投资者信念及其投资决策行为的影响，完善了资本市场事件研究框架，丰富、发展了我国股权激励的理论研究。

第二，本书试图从信息传递成本不对称的角度为股权激励信号传递效应研究提供一个信息经济学分析框架。我们给出了股权激励信号分离均衡存在性的证明，在价值模型的基础上，嵌入信息披露导致的未预期盈余的持续性和稳定性等因素，探讨了股权激励信号传递过程的内在逻辑，为理解股权激励业绩考核指标信息对资本市场证券价格形成的影响机制提供了一个微观基础。

第三，本书以广义倾向得分匹配法为基础建立拓展了资本市场事件研究分析框架，解决了股权激励及其业绩考核指标制定过程中因遗漏变量导致的选择性偏误，使用了前沿的基于企业特征匹配的 BHAR 法和日历时间投资组合 Jensen-alpha 法，对股权激励信号传递问题进行长期事件研究，发现了股权激励公告后存在股价漂移异象，丰富了行为金融学的研究对象。本书的研究方法与结论具有一定的创新性和科学性。为股权激励问题研究提供了新的研究方向与思路，对于监管部门完善相关政策法规具有一定的参考价值，在有利于上市公司科学设计股权激励方案的同时，使得市场投资者的决策更具有合理性。

第二章

文献回顾与研究进展

与本书主题相关的文献涉及四个研究领域：一是管理层薪酬激励研究，二是管理层薪酬契约中的代理问题研究，三是信号传递研究，四是股权激励经济后果研究。本章将对这些研究成果及最新进展进行回顾和梳理。

第一节　管理层薪酬激励研究

公司所有权和控制权的分离是现代经济的基本特征。公司经理人的行动选择在很大程度上是不为人所知的，但却会对股东的财富产生重大影响。关于委托代理理论的文献表明，股东确保管理者采取最优行动的主要手段是将其薪酬与公司业绩挂钩。本节我们从企业内部激励结构的视角，梳理了经理人薪酬政策的相关研究脉络。对薪酬激励的透彻理解对于公司治理至关重要，因为薪酬激励在很大程度上决定了个人在组织中的行为方式。

一、道德风险模型视角下的薪酬激励

经理人薪酬激励本质上是道德风险（隐藏行动）问题。上市公司的所有权与控制权的分离产生了股东与经理人之间的委托代理关系。股份公司

的经理人不可能像独资或合伙企业那样用心经营，总是存在效率损失。早在 1776 年，亚当·斯密就对这个问题有过精彩的论述，"股份公司的经营，例由董事会处理。董事会在执行任务上固不免受股东大会的支配，但股东对于公司业务多无所知，如他们没有派别，他们大抵心满意足地接受董事会每年或每半年分配给他们的红利，不找董事的麻烦。这样省事而所冒危险又只限于一定金额，无怪许多不肯把资产投于合伙公司的人，都向这方面投资。因此，股份公司吸收的资本通常超过任何合伙公司。……不过，在钱财的处理上，股份公司的董事为他人尽力，而私人合伙公司的伙员，则纯是为自己打算。所以，要想股份公司董事们监视钱财用途，像私人合伙公司伙员那样用意周到，那是很难做到的。有如富家管事一样，他们往往设想，着意小节，殊非主人的光荣，一切小的计算，就抛置不顾了。这样，疏忽和浪费，常为股份公司业务经营上多少难免的弊窦。唯其如此，凡属从事国外贸易的股份公司，总是竞争不过私人的冒险者。"①

伯利和米恩斯（2005）则直接指出，以股权分散为特征的现代公司实际上控制在经理人手中。而作为委托人的股东与作为代理人的经理人的目标不完全一致。威廉姆森（Williamson，1963）提出经理人效用最大化假设，指出经理人有扩大企业规模和雇员人数以获得收入、权力和地位的倾向。经验事实表明，经理人可以通过卸责、过度投资、巩固地位策略和自我交易策略偏离股东的最大利益（梯若尔，2007）。

由于股东很难清晰地观察到经理人的努力和投入，只能通过其他可观测的变量进行监督，并且该过程需要极高的成本。这就需要股东给予经理人激励来影响其对行动的选择，促使经理人选择有效率的行动。因而经理人薪酬激励属于典型的道德风险问题。道德风险模型为解释各类经理人薪酬激励计划提供了理论基础。

道德风险模型通常假定委托人风险中性、代理人厌恶风险。好的薪酬激励设计要在风险分担和激励之间进行权衡，既要实现风险在委托人和代

---

① 亚当·斯密. 国富论［M］. 郭大力，王亚南，译. 北京：商务印书馆，2007：303.

理人之间的恰当分担，同时又给予代理人足够的激励。从契约理论上看，最优风险分担的薪酬模型通常包含三个部分：一是代理人（经理人）的决策模型，由代理人的目标函数、激励约束和参与约束构成；二是委托人（股东）的决策模型，在代理人决策模型的基础上，委托人通过选择激励契约来最大化自身的效用函数。三是契约的性质分析。通过单调似然比条件（即，代理人的努力程度提高后，高效率结果的概率增加不低于低效率结果的概率增加）来分析契约的性质（Salanié，2005）。

二、充分统计定理与薪酬激励

霍姆斯特罗姆（Holmström，1979）研究了在委托代理关系中有效的契约协议，提出了充分统计定理（sufficient statistics theorem）。当仅能观察到结果时，由于道德风险问题，最优契约将是次优契约。因而委托人存在一定的效用损失。这里信息是关键，能够决定委托人效用损失的大小。一方面，委托人通过信息来推断代理人的行动，高质量信息有助于提高推断的准确性。另一方面，通过额外的哪怕是不完全的信息，比如使用有关代理人行为或性质状态等可用信息，契约可以得到改善。他给出了使这种不完全信息有价值的充要条件，并对使用这种信息的最优契约进行了刻画。根据霍姆斯特罗姆（Holmström，1979）的研究结果，任何关于行为或自然状态的不完全信息都可以用来改进契约。附加信息是有价值的，因为它允许对代理人的表现做出更准确的判断，同时减少了风险共担的损失。之后，格罗斯曼和哈特（Grossman and Hart，1983）也证明，信息越丰富，代理人采取最优行动的成本越低。

霍姆斯特罗姆（Holmström，1979）结论的另一个含义是，薪酬不应基于管理者无法控制的因素，因而经理人的薪酬应该参照所有公司或同一行业公司的业绩来衡量，而不是仅仅基于公司自身的业绩。这一点在实证研究中也有体现，阿加瓦尔和萨姆维克（Aggarwal and Samwick，1999）发现，经理人薪酬取决于公司业绩和行业业绩。在竞争激烈的行业，企业倾向于给与管理者更多的基于行业绩效的激励，而不是基于公司绩效。

珍特和迦南（Jenter and Kanaan，2015）结合行业业绩因素研究了经理人由于公司业绩不佳而被解雇的问题，根据理论预测，公司董事会在决定是否保留经理人之前，会从公司业绩中剔除外生的行业和市场冲击因素。他们收集了 1993～2009 年 3365 位 CEO 的离职样本，发现在行业表现不佳后，CEO 被解雇的可能性显著增加，而在市场表现不佳后，被解雇的可能性也相对较大。如果行业业绩从第 90 百分位下降到第 10 百分位，CEO 被迫离职的可能性会翻倍。

三、共同风险冲击下的锦标赛制薪酬激励

（一）业绩考核中的噪声与锦标赛制薪酬激励

在公司的业绩受到随机冲击的影响下，薪酬激励的效果会有所减缓。然而，如果对公司绩效的冲击在一个行业内的公司之间是相关的，那么最优激励方案将根据公司相对于其他公司的业绩对经理人进行补偿（Holmström，1982）。委托代理模型和相关的绩效评价模型为理解经理人薪酬提供了一个令人信服的理论框架。对于上市公司而言，经理人的表现不仅仅取决于自身的努力程度，还与外部环境的风险以及行业竞争有关。这就需要在薪酬激励设计中考虑代理人竞争和外部风险冲击因素。

基于多代理人的道德风险锦标赛（tournaments）理论对该问题提供了理论解释。穆赫吉（Mookherjee，1984）研究了多代理人的最优激励设计问题，认为在代理人之间的行动相互影响的情况下，代理人的薪酬应该由自身的产出和其他人的产出共同决定。这里，影响行动的噪声也是薪酬设计的关键因素之一，具体而言，除了自身的努力之外，每个代理人的产出还受到同质性噪声和异质性噪声的影响。根据霍姆斯特罗姆（Holmström，1982），在代理人之间相互竞争时，同质性噪声为委托人提供了必要的信息条件，是薪酬激励设计的基础。在异质性噪声下，竞争不发挥作用。在

此基础上，格林和斯托基（Green and Stokey，1983）正式提出了薪酬锦标赛理论，拓展了道德风险模型，从理论上解决了薪酬设计中降低代理人面对的共同风险问题。他们证明了，当代理人厌恶风险且产出相互影响时，通过锦标赛制绩效排序来确定薪酬激励结构的做法是最优的激励方案。该模型表明，给定共同冲击，随着代理人数量增多，代理人的产出分布收敛至某个有限的固定分布上，代理人产出的相对排名是自身努力水平的函数。这意味着锦标赛制的相对绩效评价设计能够过滤掉共同风险的冲击。该理论对于上市公司经理人薪酬设计具有重要启发意义。

（二）相对绩效评估研究进展

相对绩效评估（relative performance evaluation，RPE）是实践中基于锦标赛制理论发展出来的经理人薪酬激励形式。相对绩效评估使用行业或市场业绩作为经理人表现的基准。其逻辑是在所有公司都面临共同外部冲击时，经理人薪酬应该与竞争对手的业绩成反比。经理人只有在表现优于同行时才会获得报酬，而不是在整个行业碰巧处于上升阶段时，这样就消除了绩效考核中因外生冲击带来的风险影响。换言之，经理人的最佳薪酬会随着公司自身业绩的增长而上升，随着竞争对手业绩的增长而下降。

实践中存在两种相对绩效评估的方法，分别基于行业回报和市场回报。从行业回报衡量公司业绩的原因在于：行业竞争者面临的情况是相似的，经历共同的业绩冲击。通过将自己公司的业绩与同行的业绩进行比较，在保持可比性的同时，消除了共同的行业冲击。然而，使用相对行业绩效评价存在一些问题，那就是代理人之间的相互串谋。这是制约锦标赛制的一个最关键的因素。

基于股票市场的相对业绩评价法是将公司回报的市场成分从薪酬方案中去除，旨在减少经理人面临的市场风险。尤其在股权激励方面，避免经理人因股市普遍上涨而得到回报或因股市下跌而遭受损失。其背后的理由是，管理者不可能影响整个市场的表现，因此该标准是安全的，不会被操纵。别丘克等（Bebchuk et al，2002）认为美国 CEO 薪酬计划缺乏这类相对绩效考核，由于缺乏对上行（upside）的指数化和对下行（downside）的重新定价，经理人既能获得由于市场或行业上行而导致的股价上涨的全部价值，又能在下行时获得对市场和行业下跌的保护，他们建议通过指数化方法消除掉股市的共同冲击后对薪酬进行修正。然而，将整个股市作为基准仍存在一些问题。加维和米尔伯恩（Garvey and Milbourn，2003）的研究表明公司对高管薪酬进行指数计算并没有消除市场因素的影响。因为经理人可以通过调整自己的投资组合，复制这种指数化以解除激励契约中任何不合意的市场敞口。

珍特和迦南（Jenter and Kanaan，2015）发现相对绩效评价存在不对称现象。证据表明在经济衰退时，公司业绩对 CEO 更替的影响大于繁荣时期：在行业前景好时，即使绩效相对落后，经理人被解雇的可能性也很低，反之，行业前景不好时，经理人被解雇的可能性较高。这表明环境好时，经理人的缺点不易暴露，而环境坏时经理人的表现更能反映其能力。

（三）代理人串谋与锦标赛制

前文指出，锦标赛式的薪酬设计会受到代理人之间串谋的影响，即代理人之间的串谋合作会破坏竞争，进而使相对绩效评价方法的效果大打折扣，因为这阻止了对共同冲击的过滤。例如现实中可能存在企业之间的战略互动问题，这是导致理论模型预测没有得到一些实证支持的一个重要原因。为了对锦标赛理论进行更准确的评估，需要实证研究进行巧妙的设计。

阿加瓦尔和萨姆维克（Aggarwal and Samwick，1999）最先发现在典型的道德风险模型中，未能认识到股东和管理者之间的互动可以发生在不完全竞争市场中企业之间的战略互动环境中。相对绩效评价通过对自身公司的业绩施加正权重，对行业业绩施加负权重，来过滤掉常见的行业冲击。这种消极的行业薪酬绩效敏感性意味着，如果行业内其他公司的高管为股东提供的回报较低，那么，本公司的高管将获得更高的薪酬。虽然相对绩效评价法减少了高管的风险暴露，但它提供了采取降低行业回报行动的激励。如果同行公司是战略竞争对手，那么一份过滤掉共同冲击的薪酬契约必然会改变管理者的战略选择。沿着这一思路，阿加瓦尔和萨姆维克（Aggarwal and Samwick，1999）研究了不完全竞争产品市场中管理者的薪酬契约。他们发现，公司之间的战略互动可以解释相对绩效激励的缺乏。为了弱化产品市场竞争，需要产生一个最优的薪酬契约，对自己和竞争对手的业绩都给予积极的权重。在竞争更激烈的行业中，相对于自身的业绩，企业更重视竞争对手的业绩。经验证据发现，薪酬对竞争对手的业绩具有正敏感性，这一敏感性随着行业竞争程度的增加而增加。

具体而言，阿加瓦尔和萨姆维克（Aggarwal and Samwick，1999）的实证模型采用的逻辑思路是，用战略互补和战略替代这两种方式模拟产品市场竞争。在行业内公司之间的产出战略互补的情况下，相对绩效薪酬设计通过鼓励管理者采取更激进的定价，降低了股东的回报，因此在均衡中不易被观察到。在这种情况下，最优契约下的薪酬水平随着自身公司和竞争对手公司业绩的增加而增加，削弱了竞争，提高了股东收益。因而该模型能够预测最优薪酬契约对企业产品市场竞争程度的敏感性。具体而言，在竞争更激烈的行业中，管理者被给予较弱的激励来最大化其自身公司的价值，而有较强的激励来最大化该行业中所有公司的价值。战略互补模型预测，公司自身与竞争对手的薪酬绩效敏感性之比是行业竞争水平的减函数。与那些没有明确考虑战略互动的契约相比，这些契约增加了管理者所在公司的价值。

四、多重任务和目标下的薪酬激励

现实中代理人往往面临不止一个委托任务。这时，单任务模型不能对其进行解释。例如总经理的工作涉及许多方面，不能归结为一个单一的努力选择问题。总经理不只是做投资、生产和定价的决策，还负责招聘其他经理和员工，并决定公司的总体战略和公司内部的管理。另外，他们还要制订长期财务目标和并购计划，并且经常与大客户和投资者互动。为了更好地理解总经理的薪酬问题，需要在多个维度上对经典的委托代理问题进行修正。这里委托人的行动集合包括了不同的任务范围，因而绩效的衡量也是多维的（Bolton and Dewatripont，2005）。

当一名代理人负责多项任务时，基本的契约问题不能再简化为风险分担和激励之间的权衡。这种情形下，委托人需要考虑代理人在承担一项任务时是如何影响其他任务的。例如公司的薪酬委员会决定将 CEO 的薪酬与公司的利润和股票价格挂钩时，必须考虑这样的薪酬方案是如何影响 CEO 的各种任务的，要考虑这些任务与利润或股票价格有没有直接或间接的关系（Bolton and Dewatripont，2005）。

霍姆斯特罗姆和米尔格罗姆（Holmström and Milgrom，1991）将上述情形模型化，提出了多任务道德风险模型，基于代理人不同任务之间相互联系的假设，在经典道德风险模型基础上施加了诸如线性契约、正态噪声和常绝对值风险厌恶偏好（constant absolute risk aversion，CARA）等结构。该理论的核心在于代理人对任务行动的选择会影响其他任务的边际成本，在一项任务上提高努力将增加完成另一项任务的边际成本。他们指出当委托人关心的任务结果不可观测时，最好的方案就是不给代理人任何激励。以两任务模型为例，当两个任务完全替代且其中一个不可观察时，诱导代理人执行一个任务会阻止其执行另一个任务。这使委托人完全放弃激励措施。基于上述逻辑，模型的结果表明，多任务模型可以解释为什么现实中的激励计划比理论模型预测的激励程度要低。因为多任务导致代理人的努力付出互相竞争，进而降低了委托人可以提供给代理人的激励。

阿加瓦尔等（Aggarwal et al，2012）基于董事会考虑不同利益相关者目标的角度检验了这一理论。由于不同董事会成员代表不同的利益，每个人都试图影响管理层采取的行动。这种不一致的结果导致管理层的激励被削弱了。管理层在每项任务上反而投入得更少。结果表明，董事会成员越多的公司追求越多样化的目标，其为管理层提供较少的基于股票的激励，表现出较弱的基于股价的业绩。董事会之所以采取较弱的激励措施，是因为这是实现整合其他生产要素的一种优化选择，这与股东价值最大化是一致的。

五、动态道德风险与薪酬激励

上述道德风险模型都没有考虑到许多合同是建立在长期关系基础上的。当同一情境随着时间的推移而不断重复时，不确定性的影响往往会降低，功能失调行为会更准确地揭示出来，从而缓解道德风险问题。这种长期影响在霍姆斯特罗姆（Holmström，1983）的模型中得到了进一步的扩展分析，他将时间维度纳入考虑，构建了动态道德风险理论。该理论的基本思想是，与一次性激励相比，长期契约关系会带来收益，但也会导致代理人跨期消费分配行为的扭曲，即长期雇佣契约会诱导代理人在前期消费相对较多，后期消费较少，这意味着委托人可以在随后的阶段不需提高薪酬水平就可以维持相同的激励（Bolton and Dewatripont，2005）。

动态道德风险理论认为持久的契约关系存在两个积极影响和一个消极影响（Bolton and Dewatripont，2005）。第一个积极影响是，契约关系的重复使代理人对风险的厌恶程度降低，因为代理人可以进行自我保险，通过针对未来收入的借款效应抵消一段时期内的负面产出冲击。第二个积极影响是委托人通过对代理人结果的重复观察，获得潜在的正面信息。消极影响是代理人对动态激励做出反应时具有更大的灵活性。在一段持久的关系中，代理人可以在表现良好后松懈下来，或者在下一时期内通过加倍努力来弥补表现不佳。这在某种程度上抵消了积极影响。霍姆斯特罗姆和米尔格罗姆（Holmström and Milgrom，1987）发现，薪酬契约的复杂性并没有因契约关系的持久而增加，反而激励约束会变得更加激励兼容，与最终产出线性相关。简而言之，在一个持久关系下，最优长期契约形式简洁。该结果与实际薪酬契约的相对简单性很好地吻合。该理论的实践意义是，最优长期激励契约下的激励效果可以通过持续复制即期合同来实现。对于经理人薪酬激励设计而言，在股票期权行权后，继续实施新的一轮期权激励，实现对经理人的持续激励。在现实中可以观察到很多这样的案例。

六、薪酬–绩效敏感度问题的研究进展

(一) CEO 薪酬–绩效敏感度研究

道德风险模型主张给与管理者基于业绩表现的薪酬激励，薪酬与公司绩效之间的联系越紧密表明激励效果越好。在实证研究文献中通常使用薪酬–绩效敏感度（pay-performance sensitivity，PPS）来估算，最先由詹森和墨菲（Jensen and Murphy，1990）提出。具体的做法是，通过回归方程估计由 CEO 薪酬变化引起的股东财富变化的系数。其中，薪酬激励设计由四部分构成，分别是工资奖金、持股、股票期权以及解雇。薪酬–绩效敏感度越高意味着代理人与委托人的利益一致程度越高。结果发现，样本中按市值排名前半部分的公司，CEO 薪酬–绩效敏感度为股东财富每变化1000 美元，薪酬变化 1.85 美元，而样本中后半部分公司的 CEO 薪酬–绩效敏感性为 8.05 美元，总体样本薪酬–绩效敏感度中位数为 3.25 美元。具体到各个分项，总体样本的工资奖金、股票期权、解雇以及持股的贡献分别是 0.3 美元、0.15 美元、0.3 美元和 2.5 美元，大公司样本对应的贡献分别是 0.25、0.15、0.05 和 1.4，小公司样本对应的贡献分别是 0.75、0.15、2.25 和 4.9。这一结果被大多数文献解读为经理人薪酬激励效果不佳。然而，上文提到的多任务道德风险模型可以给出一个较好的解释，因为 CEO 需承担委托人的多项任务。

(二) 基于高阶管理梯队的薪酬–绩效敏感度研究

大部分文献在讨论高管薪酬问题时大多集中于提供给 CEO 的激励。然而，上市公司是由高层管理人员组成的团队经营的，每一位管理人员都有不同的职责。对 CEO 的关注忽视了公司内部组织中的其他经理人的激励问题，例如负责执行监督职能的首席运营官、对部门活动负有直接责任的负责人。由于这些高层管理人员有不同的级别和权力范围，因而需要不

同的绩效衡量标准来提供激励。阿加瓦尔和萨姆维克（Aggarwal and Samwick，2003）针对该问题进行了深入的探讨，指出公司经理人不同职位的激励机制存在重要差异，其原因在于根据高阶管理梯队理论（Hambrick and Mason，1983），理解公司内部组织的一个中心问题是高层管理团队之间的激励和责任的协调。因而为了有效激励不同的管理者，薪酬绩效机制因高管职责的不同而有所不同。其中的关键取决于股东能在多大程度上精确衡量每位管理者的努力程度。

阿加瓦尔和萨姆维克（Aggarwal and Samwick，2003）假设股东观察到两个有关经理人努力程度的潜在相关信号。第一个信号是关乎公司整体的业绩，第二个信号衡量个人的具体表现。对于部门负责来人而言，第二个信号是基于会计指标对部门绩效进行衡量。激励机制的结构将取决于两种信号的相对精度，精确度越高，信号权重越大。

在具体的薪酬设计中，对于 CEO 而言，由于其处于公司管理层级的顶端，对公司的总体业绩负责。所以信息含量最丰富的信号就是公司业绩，由股东的总回报来衡量。对于部门经理而言，部门业绩是一个相对更精确的信号，因而他们的报酬应该更多地取决于部门业绩。阿加瓦尔和萨姆维克（Aggarwal and Samwick，2003）指出，与 CEO 相比，具有监督权的经理人的薪酬对公司绩效的敏感性更高。与 CEO 或具有监督权的经理相比，部门负责经理的薪酬对公司绩效的敏感性相对较低，但其薪酬对部门绩效的敏感性更高。上述逻辑提供了一个检验高管薪酬道德风险模型的框架。在实证检验中，将管理者分为 4 个互斥的组，分别估计了薪酬对公司绩效的敏感性。这 4 个组是：CEO；有监督权而非 CEO 的高管；部门责任主管；既没有监督权也没有部门责任的高管。在实践中，最优激励契约在构建高管薪酬结构时，通常是通过持有公司股票或授予公司股票期权，使其与股东的总回报相关。结果发现，CEO 的薪酬对公司绩效敏感性的中位数最高，达到 13.08 美元。拥有监督权而非 CEO 的高管的薪酬对公司绩效的敏感性比部门责任主管要高得多。具体来说，拥有监督权而非 CEO 的高管，其股票和期权薪酬对公司业绩的敏感度中位数为 3.26 美元，而部门责任主管的薪酬对公司业绩敏感度的中位数为 1.71 美元，前者比后者高出 67%。此外，既无监管权力也无部门责任的高管，其薪酬对公司业绩敏感度的中位数为 1.99 美元。

第二节 管理层薪酬契约中的代理问题研究

道德风险模型研究集中在高管薪酬方案如何有助于缓解上市公司的代理问题，主张通过以股权补偿为主的激励方案促使经理人的利益与股东的利益更紧密一致。然而现实中一些上市公司经理人的天价薪酬、财务欺诈等行为，使我们认识到薪酬安排设计会导致另一类代理问题。因为经理人拥有对企业的剩余控制权，在缺乏股东有效监督的情况下，这给管理层通过自己的影响力，以薪酬为渠道向股东榨取租金提供了机会，导致效率低下的薪酬安排，损害了股东价值。

一、薪酬契约可能导致经理人会计操纵和欺诈行为

（一）操纵会计数字

在管理者股票期权激励设计中，公司经理人增加股票期权价值的愿望给了他们操纵会计数字的动机。

伯恩斯和凯迪亚（Burns and Kedia，2006）从薪酬契约与会计选择的视角，研究了 CEO 薪酬契约对虚假会计报告的影响。他们旨在考察经理人是否以及如何通过薪酬契约，来影响导致财务报表重述这种异常会计做法的可能性。如果激进的会计做法会影响股价，那么将薪酬与股票挂钩的经理人可能通过会计选择来最大化自己的财富。他们对 1995～2002 年，标准普尔 1500 指数中宣布重述财务报表的公司与那些没有重述财务报表的公司进行了比较。通过公司价值 1% 的变化所导致的股票期权价值的变

化来衡量期权敏感性，计算了 CEO 薪酬的各个组成部分对公司业绩的敏感性，并研究了这种敏感性对重新陈述的影响。研究结果表明 CEO 期权投资组合对股价的敏感性与误报倾向显著正相关，却没有发现 CEO 薪酬的其他组成部分——股票、限制性股票、长期激励支付和薪酬加奖金——对误报倾向有任何显著的影响。

该结果背后的逻辑在于：第一，相对于薪酬的其他组成部分，股票期权与更强的误报动机相关，这是因为股票期权引致的 CEO 财富的凸性限制了识别误报时的下跌风险（downside risk）。具体而言，股票期权引起经理人采取激进会计做法的原因在于，期权薪酬使 CEO 财富成为股价的凸函数。因此，CEO 可以从与激进会计做法相关的股价上涨中获益。然而，在股价下跌的情况下，CEO 财富的损失是有限的。换言之，管理层在繁荣时期会得到奖励，但在萧条时期不会受到同样多的惩罚。证据表明，CEO 财富对股价的凸性越大，其错报倾向就越大。第二，虽然股权和限制性股票与股票期权类似，也将 CEO 的财富与股价挂钩，也存在激励误报的可能；然而，与期权不同的是，股权和限制性股票的收益与股价呈对称关系。因此，除非 CEO 在重述声明之前解除其持有的股权和限制性股票，否则 CEO 将面临与重述声明相关的价格下跌。这将导致与限制性股票相关的权益要求，以及失去与出售股权相关的控制权。这限制了 CEO 解除其所持股权和限制性股票的意愿和能力，同时意味着 CEO 面临股价下跌的风险，因而股权和限制性股票与错报倾向无关。

另外，伯恩斯和凯迪亚（Burns and Kedia, 2006）进一步收集关于重述幅度的数据，估计了重述对净收入的影响，发现期权敏感性和重述的幅度之间存在显著的正相关关系。这表明，来自股票期权的更高激励不仅与更高的误报倾向有关，而且还与更高的误报规模有关。但是仍然没有证据表明，CEO 薪酬激励的其他组成部分与重述幅度有关。

（二）欺诈指控

丹尼斯等（Denis et al, 2006）以薪酬结构与公司欺诈指控可能性为切入点，实证检验了欺诈指控的可能性是否与 CEO 期权激励强度相关。这里，期权强度被定义为高管股票期权组合的价值对公司股价变化的敏感性。结果发现，被指控欺诈的公司的 CEO 比其他公司拥有更高的基于期权的激励。进一步发现，欺诈可能性和期权强度之间的关联程度取决于公司股权结构的特征。具体来说，对于拥有较大的大宗有价证券持有者和机构所有者的公司，期权强度与欺诈可能性之间的正相关关系更大。这表明由于期权强度的增加强化了 CEO 最大化公司股票价格的动机，因此 CEO 有更大的动机参与欺诈活动来实现这一目标。同时机构所有者和大股东加剧了这种做法，因为这些所有者对经理人施加了额外的压力以实现盈利目标。

罗宾逊和桑托雷（Robison and Santore，2011）构建了理论模型，解释了薪酬激励实施过程中的经理人欺诈行为。模型着重分析所有者通过对管理层的监管来减轻代理问题的激励机制。模型背后的直觉是，所有者监管的动机来自管理者实施欺诈行为给所有者带来的潜在成本。这里欺诈造成了两种类型的损害，一是无论欺诈行为是否被发现，经理人实施欺诈所需的公司资源被转移；二是当欺诈行为被公众所知时，会给所有者带来声誉成本，进而导致公司潜在价值的下降。如果欺诈发生但不被发现，那么公司不会遭受声誉损害，所有者反而会受益。总之，声誉损害的存在极大地改变了股东监督经理人的动机。

罗宾逊和桑托雷（Robison and Santore，2011）提供的模型考虑了事前监管（如内部控制）和事后监管（如审计）两种情形。这个框架可以分析当欺诈导致直接损害或可能的声誉损害时，所有者改善内部控制的动机。该模型假设两种状态，一种被监管发现欺诈的可能性较高，另一种被发现的可能性较低。发现欺诈的可能性较低意味着管理者更容易操纵控制实施欺诈。模型的结果展示了所有者在事前和事后对经理人的监督所得到的收益与损失。虽然事前监督会获得收益，但监督也给所有者带来成本，最优监督水平取决于二者的权衡。模型推导出了在何种条件下，增加事前监督会降低所有者的效用、降低公司价值，增加欺诈水平。对于事后监督，模型同样给出了在何种条件下，所有者的监督努力将导致其效用下降。总之，这些结果取决于欺诈行为是否会造成对公司声誉的损害。这为现实中一些公司因疏于监督而引发欺诈案件提供了解释。

（三）相关的实验经济学研究

桑托雷和塔基（Santore and Tackie，2017）在一个受控的实验室实验中研究了各种激励契约的行为效应。通过检查各种基于股权的激励契约所引发的有益的和破坏性的行为，补充了之前的实证工作。

实验方法不同于上述关于经理人错误报告和公司欺诈指控的实证研究。传统实证研究在研究代理人问题时的劣势有二：一是代理人的努力程度和生产活动不容易用现场数据测量，二是代理人舞弊行为只能在某些特定场景中被部分观察到。相比之下，实验方法可以精确地观察经理人在每个契约条件下的努力程度和欺诈行为，包括在之前研究中未被发现的欺诈行为。桑托雷和塔基（Santore and Tackie，2017）在设计实验之前，构建了一个经理人行为模型，在该模型中，经理人通过选择努力程度和欺诈来对激励契约做出反应，以最大化期望效用。在具体的实验设计中，他们观察并收集了受试者在两种股权方案中的努力和欺诈选择数据。在简单的股票方案中，受试者获得基本工资和公司价值的一部分。在股票期权方案中，受试者获得基本工资和超过行权价格的公司价值的一部分。在控制了各方案的检测概率和惩罚时间表后，实验结果表明，股权份额的增加将增加管理者的欺诈行为和努力程度，提高期权执行价格会降低努力程度和欺诈行为。这表明经理人薪酬计划是一把双刃剑，在激励经理人努力工作的同时，也增加了经理人实施欺诈的动机。

二、管理者权力论视角下的经理人租金攫取行为

（一）管理者权力论

管者权力论（managerial power theory）认为，高管对自己的薪酬有重

大影响，管理者的权力越大，其攫取租金的能力就越大。别丘克和弗里德
（Bebchuk and Fried，2003）给出了三个理由。

第一，董事会被管理层俘获（captured）。现实中，经理人的薪酬契约
是董事会和管理者之间进行谈判的结果，因而董事会扮演非常重要的角
色。然而，董事的行为也存在代理问题，因为 CEO 在提名董事进入董事
会方面发挥着重要作用。因此，董事通常有倾向偏袒 CEO 的动机。这反
过来又削弱了董事有效解决经理人与股东之间的代理问题的能力。塞尔特
等（Cyert et al，2002）发现第一大股东持股比例、董事会持股比例、违
约风险与 CEO 股权薪酬规模显著负相关。这从反面佐证了上述观点。

第二，薪酬顾问有利用其自由裁量权偏袒经理人的动机。这是因为薪
酬顾问通常由公司的人力资源部门任命，而该部门隶属于 CEO。进而董事
们难以获得有关薪酬做法的独立信息和建议。

第三，企业控制权市场对经理人施加的约束不够严格。公司通常对收
购都有强有力的防御措施。"金降落伞"条款的普遍存在，进一步削弱了
市场对公司控制权的惩戒力度。因此，企业控制权市场失灵给管理者攫取
股东利益留下了余地。

（二）"愤怒"约束

别丘克和弗里德（Bebchuk and Fried，2003）指出，现实中制约经理
人通过薪酬攫取股东利益的一个因素是经理和董事们所面临的外界"愤
怒"约束（outrage constraints）程度，即外部群体如何看待经理的薪酬安
排，这会给董事和经理们带来尴尬或名誉损害。

在"愤怒"约束的实证研究方面，库南和尼森（Kuhnen and Niessen，
2012）探讨了舆论对高管薪酬水平和构成的影响。他们发现，在媒体对
CEO 薪酬的负面报道增加后，公司会降低最受媒体批评的薪酬类型，增加
争议较少的薪酬类型，从而降低薪酬对业绩的敏感性。当公司 CEO 或董
事会有更强烈的声誉担忧时，避免最具争议的薪酬类型更为明显。这表
明，公众舆论会引导企业改变管理层激励的结构。

（三）隐性薪酬问题

隐性薪酬问题（hidden compensation）是另一个与经理人薪酬契约有关的代理问题。为了避免上文提到的公众的愤怒，经理人的薪酬中有相当一部分是以养老金计划、递延薪酬、退休后津贴等隐性形式提供的。这导致经理人薪酬可以从公众不赞成的薪酬类型转移到公众较少意识到的隐藏类型中，从而达到掩饰薪酬数额的目的。同时，隐性薪酬安排在很大程度上将纳税义务从经理人转移到公司，进一步侵蚀了股东的利益。

库恩和茨维伯尔（Kuhnen and Zwiebel, 2008）建立了隐性薪酬模型，对该问题进行了解释。该模型旨在回答这样一个问题，根据管理者权力论，经理人拥有相当大的权力来制定自己的薪酬安排，为什么他们不把公司的全部价值都支付给自己呢？到底是什么因素约束了高管薪酬？

该模型分别站在管理者和股东的视角，考察了经理人薪酬决策设计中的两难问题。一方面，管理者在设定自己的薪酬时，面临被股东撤换的约束。虽然经理人希望尽可能多地给自己发工资，但需要表现得比潜在的接替者更加优秀，这样才能避免被股东撤换。另一方面，股东可以撤换经理人，但要付出代价。股东决定撤换经理人取决于三个因素，一是现任经理人与接替者能力的对比，二是现任的薪酬与接替者薪酬的比较，三是解雇现任经理人的成本。

库恩和茨维伯尔（Kuhnen and Zwiebel, 2008）提出，可观察薪酬和隐性薪酬在管理过程中扮演着不同角色，对于经理人所承担的成本有不同的影响。对于经理人而言，可观察的薪酬扮演的角色相对简单，如果经理人宣布自己的薪酬高于潜在的继任者，那么他被替换的可能性增加。相比之下，隐性薪酬不能直接被观察到，只能由股东推测。这就意味着即使经理人获得了比预期更多的隐性薪酬，股东也不能立即对此做出反应。然而，由于这种薪酬最终会降低公司整体业绩，进而会影响股东对经理人能力的推断。比如经理人在自己所偏好的项目上浪费较多，同时股东也没有直接观察到，那么随之而来的低回报将导致股东推断经理人的能力较低，这就增加了股东未来更换经理人的可能性，同时也会降低经理人未来可以支付给自己的薪酬。

在上述逻辑的基础上，库恩和茨维伯尔（Kuhnen and Zwiebel，2008）的模型研究了经理人对可观察薪酬和隐性薪酬的动态选择。其中，管理者选择最适合自己的薪酬，但必须考虑到职业问题，他们选择的薪酬幅度和形式影响到他们被留任的可能性。在此背景下，分析可观察薪酬和隐性薪酬如何相互作用，以及外生变量的变化如何影响薪酬的这两个组成部分。他们的模型预测，可观察薪酬会对经理人声誉和撤换成本有更大的反应，而隐性薪酬会对生产中的噪声和对经理人能力的不确定性有更大的反应。该模型为现实中公司同时采用可观察薪酬和隐性薪酬的做法提供了一种解释。

第三节　信号传递研究

一、信号传递模型

信号传递问题的研究肇始于阿克洛夫（Akerlof，1970）对信息不对称条件下质量与不确定性问题的研究。阿克洛夫指出，由于交易双方信息不对称，拥有信息的一方在无法传递出产品质量信号的情况下，将导致市场失灵。例如，在二手车市场上会出现坏车驱逐好车的现象，导致汽车市场无法正常运转。类似的信息不对称导致市场失灵的例子还有保险市场、少数族裔劳动力市场和发展中国家信贷市场等。阿克洛夫指出，为了消除质量不确定性，可以通过质量保证书、产品品牌和发放执照等方式向外界传递质量信息。

真正意义上的信号传递理论模型是由斯宾塞（Spence，1973）在研究劳动力市场上教育水平传递生产力信号问题时建立的。斯宾塞分析了在竞争性劳动力市场上，雇主由于缺乏对工人生产力信息的了解，只能按照竞争市场上的平均生产力水平支付工人工资，导致低水平工人工资过度支付，高水平工人工资支付不足的情况。斯宾塞指出，工人的受教育水平可以作为向雇主传递自身生产力的信号。信号传递理论的精髓在于，发送信号是有成本的，并且成本高低取决于信号发送者的类型。对于高生产力水平的工人，获得同样的教育水平所需要的付出成本要小于低生产力水平的工人，这样低水平工人没有动力模仿高水平工人的行为。雇主只要将工资设计在一个合适的水平上，就可以阻止低水平工人冒充高水平工人的行为，从而产生一个分离均衡，帮助雇主了解工人的真实生产力水平。

二、股利信号理论

股利信号模型为理解股利如何向资本市场传递信息，提供了一个逻辑框架，其基本特征是，经理人拥有关于公司未来盈利前景的私人信息，并且他们使用股利支付将这些私人信息传达给市场。如果投资者相信支付更高股利的公司拥有更好的未来前景，那么公司股价会上涨。这里的关键在于高股利政策不能被其他前景不乐观的公司所模仿，换言之，模仿需要付出相当的代价，以至于无利可图，只有这样，股利才能成为一个可信的信号。

（一）股利信号成本结构研究

巴塔查里亚（Bhattacharya，1979）基于信号传递理论构建了一个股利信号传递模型，揭示了股利信号模型的本质，分析了信号的成本结构。模型假设外部投资者不完全了解公司的盈利能力。在该模型中，现金股利被看作不完全信息环境下企业预期现金流量的信号。导致股利发挥信号作用的关键在于与股利相关的信号成本。按照惯例，现实中分配股利的公司通常能够满足其承诺，而无须求助于额外的、超出预期的新融资。但是如果来自新项目的现金流较低，那么这意味着，为了支付承诺水平的股利，公司需要承担高额的外部融资成本。一方面体现在组织成本和交易成本方面，例如公司被迫在二级市场出售实物资产，或者推迟净现值为正的投资项目；另一方面，也会产生一些的耗散性费用，即使公司有能力通过谈判来获得资金用于缓解股利发放资金的困境，也是要付出额外代价的。假如公司通过保持流动资产的缓冲库存来应对，那么这会导致公司的收益率低于贴现率。因而股利是能够代表公司质量的信号。根据上述逻辑，只有高质量的公司才有能力长期支付利息和股利，低质量公司无法模仿。这就是巴塔查里亚（Bhattacharya，1979）股利信号模型中通过股利向市场传递信息的逻辑。

（二）股利与融资政策公告效应的形成逻辑

传统的公司最优投资、融资和股利决策模型的前提假设是，外部投资者和内部管理者对公司当前收益和未来机会的信息是一致的（Miller and Modigliani，1961）。米勒和洛克（Miller and Rock，1985）更进一步，在管理者比外部投资者更了解公司当前收益的真实状态的假设基础上，内化了股利和融资决策的公告效应，拓展了公司财务决策模型。在一个理性预期的世界里，公司的股利或融资公告提供了足够的公司信息来源，据此市场投资者可以推断出当下还未公布的公司收益，进而有助于未来收益的估计从而有利于投资者判断公司市场价值。

具体而言，模型以一个两期、无税收和不确定性的股利、投融资决策为例，分析了信息不对称条件下的股利公告效应及其后果。结果表明，股利公告效应可以进一步分解为两部分：一是未预期的股利效应，另一个是与冲击持久性相关的外推效应。持久性越高，收益的持久性越强，价格对意外股利的预期反应越大。这里，宣布的股利只是间接传达了公司未来可能的盈利信息，不需要公司经理人解释这样做的理由。股利公告只是为目前缺失的公司收益信息提供补充，市场投资者通过这种间接途径，获得估计未来收益的信息内容。在董事会会议做出决定并对外宣布后，市场根据其对公司股利政策的理解，使用股利公告来更新对预期收益的估计。同时，这并不意味着股利公告可以完全替代收益公告，即使收益公告紧跟在股利公告之后，市场价格也会对收益公告做出反应。这是因为在公司宣布其盈利或通过明确外部融资计划来完成股利分配之前，公司的全部情况不会完全显露出来。

进一步，模型研究了融资公告效应。公司宣布外部融资之后同样也会引起股票价格波动。该模型认为融资公告效应就是股利公告效应，但与其符号相反。模型中的净股利可以解释为普通意义上的股利，若净股利为负值，那么就可以解释为融资。在宣布新的融资后，股票价格变动的幅度和大小将取决于最优投资与预期收益的关系。如果预期内部净现金流为正，融资就意味着坏消息，因为净股利为负值意味着收益低于预期。但是，如果预期收益低于最优投资，那么在预期融资为正的情况下，公告的效果可正可负，这取决于实际宣布的融资是大于还是小于预期值。

（三）基于股东权利稀释与所得税权衡的股利信号均衡模型

约翰和威廉姆斯（John and Williams，1985）进一步发展了股利信号均衡模型，对一些之前忽视的问题给予了解答。例如，在股利税收成本相对较高的情形下，为什么公司在宣布股利的同时出售新股票，为什么采取分配股利而不是回购股票的形式回馈股东？

模型假设了一个对于股利分配相对不利的税收环境。其中只对股利征税，而发行、退出或交易股票时不产生交易费用。而且，所有公司资金的来源和使用情况都可以由外部投资者通过无成本的公共审计而获得。模型证明了存在一个股利的信号均衡。在这种均衡中，当公司和股东对现金的需求超过内部资金的供应时，公司内部人才会分配股利。因此，一些公司支付股利，而另一些公司不支付。在那些支付股利的公司中，许多公司同时向外部投资者出售新股。还有一些公司支付股利，不出售新股。

这种信号均衡背后的直觉是，在为投资筹集资金时，公司要么发行新股票，要么回购部分流通股。同样，为了筹集个人账户的现金，股东必须出售现有股份。在这两种情况下，现有股东对公司的所有权都会受到一定程度的稀释。当内部消息有利时，减少公司账户或个人账户的稀释显然对现有股东更有利。因此，当外部投资者认识到这种关系后，公司内部人会按照当前股东的利益分配股利，从而推高股价，达到减少稀释当前股东股权的目的。在模型最终的信号均衡中，内部人优化了股利分配，同时外部投资者为公司股票支付了正确的价格。

这种信号均衡之所以存在，是因为不同类型的企业分配股利的边际效益存在差异。对于拥有更高内部信息价值的公司而言，通过支付较高的股利，来实现减少对现有股东股权的稀释所获得的收益，足以补偿与股利相关的个人所得税。相比之下，内部信息不那么有利的公司却不会这样做，因为同样的股利所带来的税收成本在边际上超过了减少股权稀释所带来的收益。

因此，市场上存在一种股票定价机制，它将内部消息有利的公司与内部消息不利的公司区分开来。根据这个逻辑所得到的信号均衡，意味着在其他条件相同的情况下，拥有有利内幕信息的公司愿意支付更高的股利，通过适当抬高股票价格，减少了股权的稀释。

第四节　股权激励经济后果研究

一、股权激励与盈余管理研究进展

由于股权激励与未来交易相关联，这可能导致经理人关注短期股票价格，从而产生盈余管理行为。股权激励实施后，经理人持有基于股票的资产，其个人财富对公司的股价变得敏感，因此经理人要承担公司的特殊风险。从风险分散的角度来看，风险厌恶型经理人希望减少他们对公司特有风险的暴露程度。如果未来股价上涨，就会导致经理人因股权激励而面临的风险暴露增加。如果超出了均衡水平，那么经理们可能会卖掉他们已经拥有的股票来分散风险，使当前的风险暴露处于均衡水平。在资本市场依赖财务报告来形成对未来收益的信念时，经理人可以使用他们的会计自由裁量权来影响财务报告，进而影响股票价格。这就是股权激励导致盈余管理的形成逻辑（Cheng and Warfield，2005）。

2006 年以来随着上市公司股权激励实施的增加，我国学者针对我国上市公司股权激励与盈余管理的关系进行了探讨，笔者对相关代表性研究结论的总结如表 2 - 1 所示。

表 2 - 1　　　　国内学者关于股权激励与盈余管理研究代表性文献

文献	样本区间	因果识别方法	是否考虑内生性	主要发现
苏冬蔚和林大庞（2010）	2006～2008 年	倾向得分匹配	是	存在向下盈余管理，在实施股权激励后负向盈余管理关系减弱
肖淑芳（2013）	2006～2012 年	OLS	否	股权激励公司倾向于通过真实活动对业绩进行向下盈余管理
袁知柱等（2014）	2002～2011 年	联立方程模型	是	管理层持股比例与应计盈余管理正相关，与真实盈余管理负相关
刘宝华等（2016）	2006～2014 年	Heckman 两步法	是	高管持有的长期权益激励抑制了真实活动盈余管理，与应计盈余管理没有显著关系；短期权益会诱发应计盈余管理，抑制真实活动盈余管理
谢德仁等（2018）	2006～2014 年	OLS	否	实施股权激励计划的上市公司存在为业绩达标而进行盈余管理的行为，"踩线"达标公司存在更少的正向应计盈余管理和更多的负向应计盈余管理

二、股权激励与投资效率研究进展

这一支文献旨在探讨基于股权的薪酬激励是否会影响投资效率。当公司代理冲突变得更加严重时，会出现投资不足或过度投资。从契约设计的角度看，这是由于所有者和管理者之间在风险偏好上不一致造成的。对风险的不同态度造成了投资不足和过度投资。从理论上看，一方面，经理人投资不足是因为他们不能完全分散公司层面的人力资本风险，当投资业绩依赖于代价高昂的管理者的努力水平时，代理冲突会影响投资政策。换言之，经理人努力程度方面的道德风险转化为投资方面的道德风险。另一方面，当投资业绩影响经理人能力方面的声誉时，也会出现类似的冲突，即使在最优激励契约下也会出现投资不足。从经理人机会主义角度看，管理者可以从投资中获得私人利益，在公司治理实践中经常出现管理者通过接受净现值为负的项目进行过度投资。因而需要在设计管理层薪酬契约时，引导经理人的投资行为更符合股东的偏好，减轻代理冲突对投资的影响。基于股权的薪酬契约，有助于扩展经理人的决策范围，引出理想的投资水平，促进价值增值投资（Kang et al，2006）。

本书将我国上市公司股权激励与投资效率问题的代表性研究总结在表 2 - 2。

表 2 - 2　　　　国内学者关于股权激励与投资效率研究代表性文献

文献	样本区间	因果识别方法	是否考虑内生性	主要发现
吕长江和张海平（2011）	2006 ~ 2009 年	联立方程模型	是	实施股权激励方案的公司抑制了过度投资，缓解了投资不足
简建辉等（2011）	2001 ~ 2009 年	OLS	否	过度投资与股权激励无关
徐倩（2014）	2006 ~ 2012 年	联立方程模型	是	用公司股票收益波动程度衡量环境的不确定性，发现股权激励对环境不确定性引起的管理者非效率投资行为有抑制作用
卢闯等（2015）	2006 ~ 2010 年	倾向得分匹配、双重差分	是	实施股权激励公司的投资增长高于未实施股权激励公司
陈效东等（2016）	2006 ~ 2013 年	3SLS	是	将股权激励区分为激励型股权激励和非激励型股权激励，发现激励型股权激励抑制了公司非效率投资，而非激励型股权激励加剧了非效率投资

三、股权激励与股利分配研究进展

经理人股权激励对管理活动的影响除了上述盈余管理和投资效率之

外，股利分配也是一个重要的方面。自由现金流问题是管理层与股东之间代理冲突的重要表现，通过对股利分配行为的分析，可以发现股权激励在多大程度上缓解了代理问题。这一支文献旨在回答股权激励是否有助于缓解自由现金流问题，其中股权激励发挥作用的形成逻辑如下。股利作为一种纽带机制，减少了管理层利用内部资金进行无利可图投资的可能性。然而，经理人股票期权的价值随着股利的支付而下降，这一方面可能导致管理层减少股利支付，另一方面可能会促使管理层倾向于通过股票回购而不是股利支付来回报股东。相比之下，限制性股票是受股利保护的，管理者能够获得限制性股票的股利，因此，限制性股票形式的股权激励比股票期权形式的股权激励更有可能促使经理人倾向于支付股利（Fenn and Liang，2001；Aboody and Kasznik，2008）。

表 2-3 为部分国内学者关于该主题的研究结论。

表 2-3   国内学者关于股权激励与股利支付研究代表性文献

文献	样本区间	因果识别方法	是否考虑内生性	主要发现
吕长江和张海平（2012）	2006~2009年	OLS	否	相对于非股权激励公司，实施股权激励公司更倾向于减少现金股利支付；在激励方案实施后，股权激励公司的股利支付率小于方案推出之前
肖淑芳和喻梦颖（2012）	2006~2008年	联立方程模型	是	股权激励公告前一年，股权激励公司的送转水平和现金股利水平高于非股权激励公司；股权激励计划促进了送转股水平和现金股利水平
韩慧博等（2012）	2006~2010年	OLS	否	实施股权激励的公司更倾向于高股票股利政策，发放股票股利的可能性与股权激励的程度正相关；存在管理层利用市场定价的非有效性影响公司股利的现象
陈红和郭丹（2017）	2006~2015年	倾向得分匹配	是	实施股权激励的公司比非股权激励公司更倾向于现金股利支付，且支付水平更高。以限制性股票为激励标的物的公司比股票期权为标的物的公司具有更高的股利支付水平

第五节　股权激励研究述评

国内外专家学者在股权激励研究问题上有诸多建树，提出了很多有价值的思想观点和对策建议，对于股权激励的实施具有积极指导意义，对于后续拓展和深入研究具有重要的借鉴价值。但是仍有一些关键问题有待进一步研究探索。

第一，目前的研究主要聚焦于股权激励对企业行为及其经济后果的影响，较少涉及与资本市场的内在关联。基于股权的薪酬激励在营造激励氛围的同时，也能够引导出经营者对企业未来的真实态度，只有对未来有信心的经营者才愿意实施并接受与激励相关的考核目标。鉴于经营者掌握的企业真实价值信息多于外部投资者，我们可以推测，股权激励方案的推出对于资本市场投资者具有重要价值，披露的相关业绩指标等信息对于股票市场价格的形成具有不可忽视的影响。因而从业绩考核指标为切入点研究股权激励在资本市场上的信号传递效应，对于全面理解股权激励的经济后果显得非常必要。

第二，在与股权激励相关的经济后果研究中，主要依靠文字上的梳理与总结，缺少对相关作用机制的经济学理论模型推导，没有一个坚实统一的理论模型框架。在实证研究设计方面，理论框架与数据模型的衔接与过渡之间存在一定程度的脱节，实证研究含义不够直观。另外，由于数据收集的可得性与繁杂度较高等原因，基于股权激励业绩考核指标的研究偏少。

综上所述，股权激励方案披露的相关信息，特别是业绩考核指标等内容向市场投资者传递了哪些信息？对于证券市场价格的形成机制有何影响？如何准确地识别出其中的因果关系？这些问题既是重要的理论命题，也是指导股权激励实践和制定监管政策迫切需要回答的问题，需要我们展开深入系统的分析。对此，本书在梳理总结前人研究成果的基础上，沿着贝叶斯完美均衡的分析思路，构建基于交易成本不对称的股权激励信号均衡模型，为股权激励信号传递效应提供了一个理论分析框架。同时，本书手工收集了自 2006 年以来我国所有上市公司股权激励草案公布的业绩考核指标，建立了一个完整的上市公司股权激励信息数据库，采用广义倾向得分匹配法等方法对上述关心的问题进行实证检验，填补了以往研究的空白。

第三章

股权激励信号传递理论模型

第一节　基本模型：基于交易成本不对称的
股权激励信号均衡模型

在经理人与外部市场投资者信息不对称的情况下，股权激励传递了公司的价值信息。具有私人信息的经理人可以通过股权激励的实施反映其对公司未来收益的预期。其中股权激励的业绩考核指标协调着公司市场价值与公司内部人预期。对某一类业绩水平的承诺反映了公司的潜在质量，如果公司实际上不具备达到预期承诺的能力，即使通过一些手段达到业绩考核要求，在未来也将面临高额的外部融资等一系列交易成本。相反，高质量公司实现目标过程的交易成本较低。因此潜力高的公司能够比较容易地承诺一个较高的业绩考核水平，并且具有较高的可信性。因而，市场把业绩考核指标看作经理人对公司未来预期收益的信号，股票市场价格的变化就是投资者对股权激励公告所传递信息内容的反应。

本节基于博尔顿和德瓦特里庞（Bolton and Dewatripont，2005）的研究构建了一个基于交易成本不对称的股权激励信号均衡模型。模型基于贝叶斯完美均衡（Bayes perfect equilibrium，PBE）思路展开，首先给出外部市场投资者对于公司质量类型的先验信念，以及对各种类型公司采取行动的信念，然后在此基础上分析各种类型公司的行动。在 PBE 均衡状态下，一方面，市场投资者对于每一种类型的公司所采取的行动的信念都是正确的；另一方面，在投资者更新信念后，每一种类型的公司都采取了最优行动。

一、假设与经济环境

（一）公司价值模型

假设公司续存 n 个时期，期初经理人知道公司真实类型，但外部投资者不知道。随着公司收益的披露，外部投资者才了解公司类型信息。博弈相关的参数设定如下：

考虑两种公司类型，一类是高质量类型 H，另一类是低质量类型 L。

公司未来产生的盈余现金流用 x_t 表示（$t = 1, 2, \cdots, n$）。盈余可以进一步分解为噪声部分 ε_t 与非噪声部分 X_t。为了简化起见，本节我们只考虑非噪声部分现金流与公司价值的关系。假设 X_t 只有高与低两种可能，不妨设 $X_t = 0$ 或 1，并且在各个时期的取值相互独立。

高质量公司股权激励业绩考核指标用 s_H 表示，其现金流为 1 的概率为 $X(s_H)$。低质量公司股权激励业绩考核指标用 s_L 表示，现金流为 1 的概率为 $X(s_L)$。在上述设定下，类型 $i(i = H, L)$ 的公司各期现金流为 $X(s_i)$，这里 $X(s_i)$ 是业绩考核指标 s_i 的增函数，意味着业绩考核指标越高，未来盈余现金流增长越多。

博弈开始时，外部投资者的先验信念（prior beliefs）是 $\beta = Pr(H)$，股权激励草案公布后，投资者基于业绩考核指标 s_H 更新信念，得到后验信念（posterior beliefs），表示为：

$$\beta(\hat{s_H}) = Pr(H \mid \hat{s_H}) = \begin{cases} 1 & \hat{s_H} \geq s_H \\ 0 & \hat{s_H} < s_H \end{cases} \quad (3-1)$$

公司价值等于盈余现金流现值之和。在相应的两种状态下，高质量与低质量公司的期望价值分别为 V_H 和 V_L：

$$V_H = \frac{X(s_H)}{1+\rho} + \frac{X(s_H)}{(1+\rho)^2} + \cdots + \frac{X(s_H)}{(1+\rho)^n} = X(s_H) \times (P/A, \rho, n)$$

$$(3-2)$$

$$V_L = \frac{X(s_L)}{1+\rho} + \frac{X(s_L)}{(1+\rho)^2} + \cdots + \frac{X(s_L)}{(1+\rho)^n} = X(s_L) \times (P/A, \rho, n)$$

$$(3-3)$$

其中，ρ 是贴现率，$(P/A, \rho, n)$ 是年金现值系数。

（二）交易成本不对称条件

要达到信号分离均衡，需要高质量公司与低质量公司的信号传递所产生的交易成本不对称，即对于低质量公司而言，由于实施股权激励所产生的交易成本高于不实施时的成本。站在经理人的角度看，这意味着实施股权激励后所得到的激励相关收益要小于不实施股权激励所得的收益。假设经理人持有一定数量的公司股份，那么经理人的收益最大化意味着公司净价值最大化。这里的净价值是公司价值减去激励相关成本后的净值。

对于低质量公司而言，当股权激励的业绩考核指标偏低时，会被市场正确地识别为低质量的。市场将公司估值为 V_L，扣除激励费用后公司净价值为 $V_L - d_L[1 - X(s_L)]r$，其中 $d_L[1 - X(s_L)]r$ 是激励产生的交易成本，d_L 是激励费用比例，r 是市场借贷资金成本。当要求的业绩考核指标偏高时，低质量公司会被市场误认为是高质量的，市场将其按高质量类型公司估值为 V_H，并且要按照高水平支付经理人，但此时公司实际的现金流仍为 $X(s_L)$，不足以支付高额的激励费用，需要在资金市场上以较高的交易成本进行借贷，因而扣除激励费用后公司净价值为 $V_H - d_H[1 - X(s_L)]r$。其中，$d_H > d_L$。

交易成本不对称意味着：

$$V_L - d_L [1 - X(s_L)] r \geqslant V_H - d_H [1 - X(s_L)] r \qquad (3-4)$$

如果公司是高质量的，那么要求较高的业绩考核目标是值得的。对于经理人而言，这意味着发送高业绩指标信号所获得的收益要大于发送低业绩指标信号的收益。高业绩指标信号下公司净价值为 $V_H - d_H [1 - X(s_H)] r$，低业绩指标信号下公司净价值为 $V_L - d_L [1 - X(s_H)] r$。

交易成本不对称意味着：

$$V_H - d_H [1 - X(s_H)] r \geqslant V_L - d_L [1 - X(s_H)] r \qquad (3-5)$$

二、分离均衡条件

接下来我们分析信号分离均衡条件。

根据式（3-4）可以推知：

$$X(s_H) - X(s_L) \leqslant \frac{(d_H - d_L)[1 - X(s_L)] r}{(P/A, \rho, n)} \qquad (3-6)$$

根据式（3-5）可以推知：

$$X(s_H) - X(s_L) \geqslant \frac{(d_H - d_L)[1 - X(s_H)] r}{(P/A, \rho, n)} \qquad (3-7)$$

由于现金流量 $X(s_i)$ 是业绩考核指标 s_i 的增函数，为了简化分析起见，假设 $X(s_i) = s_i$。

将式（3-6）和式（3-7）进一步整理，得到：

$$\frac{(d_H - d_L)(1 - s_H) r}{(P/A, \rho, n)} \leqslant s_H - s_L \leqslant \frac{(d_H - d_L)(1 - s_L) r}{(P/A, \rho, n)} \qquad (3-8)$$

式（3-8）中的 $s_H - s_L$ 表示高质量公司与低质量公司在股权激励业绩考核指标上的差距，式（3-8）表明信号分离均衡存在一个上限和下限。

通过对上限和下限的观察可知，只要满足 $s_H \geqslant s_L$ 即可满足分离均衡条件。因而必然存在股权激励业绩考核指标的信号分离均衡。

进一步可以将结论延伸至无限期限情形，此时 $n \to +\infty$，现金流变成永续年金，此时 $(P/A, \rho, n) = 1/\rho$，式（3-8）变为：

$$(d_H - d_L)(1 - s_H)r/\rho \leqslant s_H - s_L \leqslant (d_H - d_L)(1 - s_L)r/\rho \quad (3-9)$$

另外，我们可以看出 $s_H - s_L$ 与借贷资金成本 r、贴现率 ρ 的大小相关。一般而言，贴现率 ρ 代表公司的收益率下限。r 的数值大意味着实施股权激励所需的融资成本高，这同时还意味着高质量与低质量两种类型公司的业绩考核指标差距更大。

根据式（3-9），还可以推出分离均衡下激励程度的设计规则：

$$\frac{(s_H - s_L)}{(1 - s_L)r\rho} \leqslant d_H - d_L \leqslant \frac{(s_H - s_L)}{(1 - s_H)r\rho} \quad (3-10)$$

式（3-10）表明，高质量公司和低质量公司的激励费用比例的差距要与对应的业绩目标差距直接相关。该结果符合我们的直觉，如果高质量公司与低质量公司的激励力度差距不大，那么经理人机会主义行为的可能性增加，进而市场就难以辨别股权激励的实际效果。

第二节 拓展模型：股权激励信号的市场价值效应

本节我们运用比弗模型（Beaver et al, 1980）进一步探讨公司股票市场价值对股权激励所披露的信号的反应，并给出理论模型在实证方面的含义。

一、盈余持续性条件下的现金流模式

考虑更一般的现金流模式。根据第一节的假设，盈余现金流量 x_t 可以进一步细分为噪声部分 ε_t 与非噪声部分 X_t，

$$x_t = X_t + \varepsilon_t \qquad (3-11)$$

第 t 期与第 $t-1$ 期现金流之间的差额是未预期现金流，记为 a_t，以第 1 期末为例，$a_1 = x_1 - x_0$。

假设未预期现金流具有一定的持续性，未预期现金流能在下期继续保持的部分称为永久性盈余，剩余部分称之为暂时性盈余。记 a_t 中有比例 θ 的部分是暂时性的，剩余 $1-\theta$ 的部分为持续性的。第 $t-1$ 期的盈余现金流与第 t 期的盈余现金流的关系可以表述为：

$$x_t = x_{t-1} - \theta a_{t-1} + a_t \qquad (3-12)$$

进而得到：

$$E_{t-1}(x_t) = x_{t-1} - \theta a_{t-1} \qquad (3-13)$$

假设基于第 $t-1$ 期的信息，投资者对未来所有盈余现金流的预期都是恒定的，我们有：

$$E_{t-1}(x_t) = E_{t-1}(x_{t+1}) = \cdots = E_{t-1}(x_{t+k}); k = 0,1,2,\cdots \qquad (3-14)$$

二、隔期信息更新后预期现金流的变化

（一）间隔 k 期预期现金流的变化

现在考虑时间间隔 k 期的情况，结合式（3-13）得到预期现金流的变化：

$$
\begin{aligned}
\Delta E_t(x_{t+k}) &= E_t(x_{t+k}) - E_{t-1}(x_{t+k}) \\
&= (x_t - \theta a_t) - (x_{t-1} - \theta a_{t-1}) \\
&= x_t - \theta a_t - x_{t-1} + \theta a_{t-1} \qquad (3-15) \\
&= -\theta a_{t-1} + a_t - \theta a_t + \theta a_{t-1} \\
&= (1-\theta) a_t
\end{aligned}
$$

式（3-15）结合式（3-12）可以得到：

$$\Delta E_t(x_{t+k}) = (1-\theta)(x_t - x_{t-1} + \theta a_{t-1}) \qquad (3-16)$$

根据式（3-11）可知，$x_{t-1} = X_{t-1} + \varepsilon_{t-1}$。进一步得到：

$$x_t - x_{t-1} = X_t - X_{t-1} + \varepsilon_t - \varepsilon_{t-1} = \Delta X_t + \Delta \varepsilon_t \qquad (3-17)$$

将式（3-17）代入式（3-16）得到间隔 k 期的预期现金流变化：

$$\begin{aligned} \Delta E_t(x_{t+k}) &= (1-\theta)(\Delta X_t + \Delta \varepsilon_t + \theta a_{t-1}) \\ &= (1-\theta)\Delta X_t + (1-\theta)\Delta \varepsilon_t + (1-\theta)\theta a_{t-1} \end{aligned}$$
$$(3-18)$$

（二）盈余现金流变化率

间隔 k 期后，盈余现金流变化率可以表示为 $\Delta E_t(x_{t+k})/E_{t-1}(x_{t+k})$

根据式（3-11）、式（3-13）和式（3-14）可知：

$$E_{t-1}(x_{t+k}) = x_{t-1} - \theta a_{t-1} = X_{t-1} + \varepsilon_{t-1} - \theta a_{t-1} \qquad (3-19)$$

根据式（3-18）和式（3-19）可得，盈余现金流变化率：

$$\frac{\Delta E_t(x_{t+k})}{E_{t-1}(x_{t+k})} = \frac{(1-\theta)\Delta X_t + (1-\theta)\Delta \varepsilon_t + (1-\theta)\theta a_{t-1}}{X_{t-1} + \varepsilon_{t-1} - \theta a_{t-1}} \qquad (3-20)$$

三、预期市场价值变化与股权激励业绩考核指标的联系

根据式（3-14）的现金流假设可知：

$$E_t(x_{t+1}) = E_t(x_{t+2}) = \cdots = E_t(x_{t+k}) \qquad (3-21)$$

根据永续年金模型，公司市场价值 V_t 是盈余现金流的现值之和：

$$V_t = E_t(x_{t+k})/\rho \qquad (3-22)$$

因而市场价值变动比率等于盈余现金流变动比率，即：

$$\frac{\Delta V_t}{V_{t-1}} = \frac{V_t - V_{t-1}}{V_{t-1}} = \frac{E_t(x_{t+k}) - E_{t-1}(x_{t+k})}{E_{t-1}(x_{t+k})} = \frac{\Delta E_t(x_{t+k})}{E_{t-1}(x_{t+k})} \quad (3-23)$$

根据式（3-20）可知：

$$\frac{\Delta V_t}{V_{t-1}} = \frac{(1-\theta)\Delta X_t + (1-\theta)\Delta \varepsilon_t + (1-\theta)\theta a_{t-1}}{X_{t-1} + \varepsilon_{t-1} - \theta a_{t-1}} \quad (3-24)$$

假设 $\Delta \varepsilon_t \rightarrow 0$，$a_{t-1} \rightarrow 0$，公司市场价值变化可以表示为：

$$\frac{\Delta V_t}{V_{t-1}} = (1-\theta)\frac{\Delta X_t}{X_{t-1}} \quad (3-25)$$

股权激励通常使用的业绩考核指标有利润增长率和销售增长率等，因而 $s_i = \Delta X_t / X_{t-1}$。式（3-25）可以进一步表示为：

$$\frac{\Delta V_t}{V_{t-1}} = (1-\theta)s_i \quad (3-26)$$

式（3-26）表明公司市场价值的变化由盈余现金流持续性与盈余现金流的增长率决定，建立了预期市场价值变化与业绩考核指标的内在关联。具有很强的实证研究含义。在实证研究中，我们使用股权激励公告日前后的异常收益率衡量公司价值的变化，据此构建事件研究设计框架，分析股权激励业绩考核指标的信号传递效应。通过（3-26）可以看出信号传递效应的强弱与市场投资者对公司未来盈余现金流持续性的预期密切相关。股权激励业绩考核指标的信号传递效应在很大程度上反映了市场投资者对盈余持续性的判断。

第四章

实证研究设计与估计方法

第一节　数据来源

一、上市公司数据来源与整理说明

本书所采用的数据源于国泰安数据库（CSMAR），数据的时间序列范围从 2006～2021 年，因为我国上市公司真正意义上的股权激励实践始于 2006 年。该数据库由深圳希施玛数据科技有限公司负责收集整理，提供诸如上市公司财务报表、股票市场交易、公司治理结构和股东等方面的数据，并对一些常用变量做出了统计分析。

本研究的核心数据是上市公司公布的股权激励方案数据。在这方面，CSMAR 根据上市公司公开的相关内容，提供了三个与股权激励有关的子数据库，包括：股权激励方案表、股权激励授予明细表和股权激励行权明细表。这三个子库提供了关于上市公司最全面的股权激励信息，诸如股权激励草案首次公告日期、激励标的物、实施阶段、行权价格/授予价格、有效期以及授予条件等全文公告内容。

本研究重点关注股权激励的业绩考核指标在资本市场上的信号传递效

应，因而业绩考核指标便成为本研究的关键核心变量。CSMAR 并没有提供现成的业绩考核指标数据，但相关信息可以在授予条件全文公告中找到。本研究采取手工整理的方法从授予条件全文公告中提取出业绩考核指标数据。在整理数据时，我们发现一些上市公司的授予条件全文公告中存在同一种指标的两种计算方式，例如，华统股份（002840）2019 年的限制性股票激励计划（草案）关于业绩考核指标是这样规定的："业绩考核目标第一次解除限售以 2018 年净利润为基数，公司 2019 年净利润增长率不低于 25%；第二次解除限售以 2018 年净利润为基数，公司 2020 年净利润增长率不低于 40%；第三次解除限售以 2018 年净利润为基数，公司 2021 年净利润增长率不低于 50%"。一种计算方法是直接采用第一阶段第一年的业绩考核目标（25%）作为本次激励计划的指标数值，另外一种方式是采取几何平均数计算复合增长率，在本例中为 14.47%（ $=1.5^{1/3}-1$ ）。鉴于第一阶段行权（解锁）的业绩考核的重要性，故其能够代表整体行权（解锁）难度，因而本研究中我们按第一种方式收集整理业绩考核指标值。如果第一阶段业绩指标的间隔超过一年，例如姚记科技（002605）2020年股票期权激励计划（草案）规定的这种方式，"行权期业绩考核目标授予第一个行权期，相比 2019 年，2021 年净利润增长率不低于 80%……"，即第一阶段的业绩指标横跨两年，那么这时我们采取几何平均数法计算第一阶段的复合增长率为 34.16%（ $=1.8^{1/2}-1$ ）。

同时需要说明的是，由于个别上市公司在股权激励草案公布后始终没有实施，因而在本研究中我们将其剔除。

二、法规政策数据来源与整理说明

在关于股权激励政策梳理的部分（详见第五章第一节），我们收集了证监会、财政部和国家税务总局等职能部门发布的相关政策法规和文件。相关内容均源于证监会、财政部和国家税务总局、上交所、深交所等官方网站。表 4-1 列出了相关信息来源网址。

表 4 - 1 政策法规和文件信息来源

职能部门	信息来源网址
中华人民共和国财政部	http://www.mof.gov.cn/index.htm
国家税务总局	http://www.chinatax.gov.cn/
国务院国有资产监督管理委员会	http://www.sasac.gov.cn/
中国证券监督管理委员会	http://www.csrc.gov.cn/
深圳证券交易所	http://www.szse.cn/
上海证券交易所	http://www.sse.com.cn/

第二节　变量说明

本书实证研究采用的变量分为三大类，分别是市场反应变量、公司治理与股东变量和财务变量。

一、市场反应变量

市场反应变量分为基于市场模型的变量和非市场模型的变量。前者包括异常收益率和收益率的方差变化率，反映市场价格的变化以及波动程度。后者包括换手率，反映因投资者优化调整投资组合所引起的股票成交数量。

（一）异常收益率与累积异常收益率

本研究关注股权激励这一资本市场事件以及草案披露的相关信息是否可以在一定的时间范围内给股票持有者带来的异常收益。具体而言，异常收益率，又称异常报酬率、超额收益率，是指在事件观测窗口内的收益率与期望收益率的差值，其中期望收益率是基于市场模型计算而得。异常收益率计算公式为：

47

$$AR_{i,t} = R_{i,t} - E(R_i) \qquad (4-1)$$

其中，$R_{i,t}$ 表示在时间 t 实施股权激励的 i 公司的股票日收益率，$AR_{i,t}$ 表示与之相对应的异常收益率，$E(R_i)$ 表示在估计期间 i 公司股票的期望收益率。这里的时间分为事件窗口期和估计期。窗口期是指市场投资者获得与事件信息有关的时间。异常收益率就是在事件窗口期内计算而得的。估计期是用来估计期望收益率的时间。根据市场模型法，估计期望收益率的模型为：

$$R_{i,t} = \alpha_i + \beta_i R_{m,t} + \varepsilon_{i,t}, t \in \text{估计期} \qquad (4-2)$$

其中，$R_{m,t}$ 是市场收益率，β_i 反映股票 i 的系统风险程度。在参数 α_i 和 β_i 的估计值 $\hat{\alpha}_i$ 和 $\hat{\beta}_i$ 计算好后，按下式在事件窗口期内计算股票 i 的异常收益率：

$$AR_{i,t} = R_{i,t} - \hat{\alpha}_i - \hat{\beta}_i R_{m,t}, t \in \text{窗口期} \qquad (4-3)$$

在此基础上进一步计算股票 i 在事件窗口期内的累积异常收益率 $CAR_{i,t}$：

$$CAR_{i,t} = \sum_{t \in \text{事件窗口期}} AR_{i,t} \qquad (4-4)$$

对应的平均累积异常收益率为：

$$\overline{CAR_t} = \frac{1}{N} \sum_{i=1}^{N} CAR_{i,t}, N \text{ 是公司数目} \qquad (4-5)$$

本研究将估计期设定为事件前的 11 ~ 210 天，表示为 [-210, -11]。设定最大的事件的窗口期为事件前后 10 天，表示为 [-10, 10]。在具体研究中，我们根据需要设定了不同长度的事件窗口。为了避免事件期和估计期内股票停牌时间过长或者被 PT，我们参照赵景文和杜兴强（2009）的做法，在样本筛选过程中，所有数据的日历时间满足以下三个条件：（1）交易日与事件日的时间间隔天数满足 [-300, 100]；（2）在估计窗口 [-210, -11] 内，至少有 100 个收益率的观测值；（3）在最大窗口

期 [−10, 10] 内至少有 10 个收益率观测值。

(二) 收益率的方差变化率

收益率的方差变化率反映了股票价格在幅度上的波动程度，是市场模型的延伸。如果股权激励公告具有信息含量，那么在公告日附近股票收益率的方差的变化也会增加。该指标最先由比弗 (Beaver, 1968) 提出，本文参照其做法构建收益率的方差变化率指标，相关符号界定为：

$$U_{i,t} = \varepsilon_{i,t}^2 / \sigma_{\varepsilon_i}^2, \ t \in 窗口期 \tag{4-6}$$

其中，$\varepsilon_{i,t}^2$ 是窗口期内的异常收益率的平方，$\sigma_{\varepsilon_i}^2$ 表示市场模型在估计期内估计的残差平方和。

对应的平均方差变化比率为：

$$\overline{U}_t = \frac{1}{N} \sum_{i=1}^{N} U_{i,t} \tag{4-7}$$

(三) 换手率

换手率是衡量股票交易量的指标，不需要估计市场预期模型。市场成交数量反映了投资者面对新信息时对最优投资组合的调整，更多反映的是投资者个人预期的变化。从理论上看，一条中性信息对股价没有影响，却可以影响股票成交数量。参照比弗 (Beaver, 1968)，换手率计算公式是：

换手率 = 股票 i 的日个股交易股数 × 股票 i 的日收盘价 ÷ 日个股流通市值

二、公司治理与股东变量

(一) 股权结构

股权结构是影响公司治理的重要因素之一，关涉股东投资回报问题。股权集中程度影响到董事会的运行以及管理层的经营决策，最终对公司价值产生影响。适度的股权结构能够产生利益协同效应，反之，导致大股东利益侵占问题。本研究选取第一大股东持股比例衡量公司的股权结构。

（二）管理层薪酬

管理层薪酬涉及委托代理问题，有效的薪酬设计能够激励管理者实现股东价值最大化。本研究使用总经理持股比例和董事长持股比例作为管理层薪酬的代理变量。

三、财务变量

（一）市场评价

本书采用账面市值比（book to market，B/M）衡量市场对公司价值的评价。账面市值比关乎股票收益问题。法玛和弗伦奇（Fama and French，1992）首先提出了账面市值比效应，发现 B/M 可以解释股票收益率的差异，B/M 越高的投资组合收益率越高。针对我国资本市场的研究也发现存在 B/M 效应。因而我们在研究股权激励信号传递问题时，控制了 B/M 因素。

（二）公司规模

在股票收益率与市场效率假设研究的文献中发现存在小规模公司效应的异常现象（Dimson，1989），即小规模公司的报酬率要高于大公司。这对市场效率假说提出了挑战。某种意义上看，公司规模代表了企业的增长潜力和应对风险的能力，这些因素均与股票估值密切相关。本研究采用公司总资产的对数衡量公司规模。

（三）资本结构

公司的负债情况反映了公司资本结构，其水平高低会产生债务代理成本问题（Jensen and Meckling，1976）。当负债率过高时，股东与债权人在投资风险上的态度是截然相反的，导致债务代理成本增加。适度的负债水平可以减少自由现金流，减少债务代理成本。一个最优的资本结构有利于实现公司价值最大化。我们采用资产负债率衡量公司的资本结构。

第三节　研究模型与方法

一、事件研究法

事件研究法用来确定资本市场事件发生时，事件所传递的信息是否给证券持有者带来异常收益。通过对事件的短期公告效应的分析，对公司的决策做出判断。

（一）平均异常收益率检验

事件研究法首先要计算事件公告日当天及前后一段时间的异常收益率，然后检验平均异常收益率是否等于零。如果事件被市场部分预期到，那么与事件相关的导致异常收益的行为应该出现在事件发生前。另外，事件研究也为检验资本市场效率提供了经验证据。可以通过事件发生后收益率对事件所披露信息的调整速度来检验市场效率。

（二）横截面检验

在对平均异常收益率进行检验之后。还需要进行横截面检验，为事件研究提供更完整的描述。横截面检验关注事件的股价效应是如何与公司特征相关联的。使用公司层面的横截面数据，通过回归分析等方法，将异常收益率与公司特征进行比较，为检验理论模型的推断提供证据。

（三）基于公司特征的投资组合构造

另外一种基于横截面的事件研究方法是根据公司特征构造投资组合，

51

并分析投资组合的异常收益率，在长期事件研究中这是比较常用的方法。例如基于公司特征匹配构造投资组合、基于日历时间构造投资组合（Eckbo，2008）。

二、基准模型及内生性探讨

（一）基准模型

根据第三章的理论模型预测，构建基准回归模型：

$$CAR_{i,t} = \alpha + \beta Treat_{i,t} + X_{i,t}\Gamma + \varepsilon_{i,t} \qquad (4-8)$$

$CAR_{i,t}$ 表示公司 i 在时间 t 的累积异常收益率。$Treat_{i,t}$ 是处理变量，在本研究中是股权激励草案披露的信息内容，具体分为两种类型。第一类信息是股权激励标的物的选择，属于哑变量。在本研究样本中，股权的激励标的物以股票期权和限制性股票为主，不同的标的物能够向市场投资者传递出不同的信息。第二类信息包括三类业绩考核指标，分别为净资产收益率（ROE）、利润增长率和销售收入增长率，是连续变量。另外，我们还基于行权价格/授予价格构造了行权难度指标用来反映股权激励实施过程中经理人的机会主义行为程度。β 是对股权激励信号传递效应的估计，捕获了资本市场对股权激励信号的反应程度。$X_{i,t}$ 是协变量，包括反映公司治理与股东情况的股权结构和管理层薪酬，反映公司财务情况的账面市值比、公司规模和资本结构。另外，为了捕获公司所在行业差异等不可观测特征，我们控制了行业固定效应等因素，Γ 是其估计系数向量，α 是常数项，残差项 $\varepsilon_{i,t}$ 是没有被上述因素解释但可能起作用的随机因素。

（二）内生性探讨

对于基准模型而言，因果识别的挑战在于，存在不可观测的遗漏变量，一方面影响作为被解释变量的累积异常收益率，另一方面影响作为核心解释变量的股权激励信号。因而对于基准模型，在得出结论之前，需要进一步思考可能导致内生性的自选择或遗漏变量偏误。

我们将上述关于内生性问题的探讨用公式符号进行表述，以哑变量情形为例，对于个体 i 而言，存在两个潜在结果：

$$\begin{cases} CAR_{1i,t}, \ Treat_{i,t} = 1 \\ CAR_{0i,t}, \ Treat_{i,t} = 0 \end{cases}$$

可观察到的结果可以表示为：

$$CAR_{i,t} = CAR_{1i,t} + (CAR_{1i,t} - CAR_{0i,t}) \times Treat_{i,t} \qquad (4-9)$$

个体 i 的因果效应可以表示为 $CAR_{1i,t} - CAR_{0i,t}$，但只能观察到其中的一个结果。进一步，我们可以通过估计个体因果效应的期望值得到接受干预的平均因果效应，表示为：

$$E[CAR_{1i,t} - CAR_{0i,t} \mid Treat_{i,t} = 1]$$

不能简单地将基准 OLS 模型的估计结果解释为因果效应。理由在于，基于式（4-8）得到条件期望 $E[CAR_{i,t} \mid Treat_{i,t}]$，基准 OLS 模型的 β 可以表示为：

$$\beta_{OLS} = E[CAR_{i,t} \mid Treat_{i,t} = 1] - E[CAR_{i,t} \mid Treat_{i,t} = 0] \qquad (4-10)$$

β_{OLS} 可以进一步分解为：

$$\beta_{OLS} = E[CAR_{1i,t} - CAR_{0i,t} \mid Treat_{i,t} = 1] \\ + E[CAR_{0i,t} \mid Treat_{i,t} = 1] - E[CAR_{0i,t} \mid Treat_{i,t} = 0] \qquad (4-11)$$

其中，$E[CAR_{0i,t} \mid Treat_{i,t} = 1] - E[CAR_{0i,t} \mid Treat_{i,t} = 0]$ 就是遗漏变量或者选择性偏误。

以股权激励标的物选择为例，企业具有某些不可观测的特征决定着标的物的选择，同时这些特征也影响着企业的市场价值。布莱恩等（Bryan et al, 2000）发现股票期权与限制性股票在影响经理人风险承担行为方面存在差异。由于风险是不可直接观测的变量，这将导致基准模型中的处理变量与残差项相关，从而产生内生性问题。

三、倾向得分匹配法

因此，直接检验股权激励信号的传递效应时，直接使用传统的线性回归模型会导致样本选择偏误（sample selection bias）。换言之，股票期权比限制性股票更能激励经理人的风险承担行为，因而风险较高的公司采用股权激励的可能性更大，同时高风险也会反映在股票异常收益率上，这使我们无法判断股票异常收益率的变化是否是由于激励标的物的选择所致。为此，我们采用倾向得分匹配法（propensity score matching，PSM）来控制样本的选择偏误，参考安格里斯特和皮施克（Angrist and Pischke，2008）对PSM方法进行说明。

倾向得分匹配法基于协变量 X 估计接受干预的概率 $p(X)$，称之为倾向得分。具体定义为：

$$p(X) = E[Treat \mid X] = Pr[Treat = 1 \mid X] \qquad (4-12)$$

这样，将高维度的协变量简化成一维度的倾向得分值，然后根据 $p(X)$ 对未受干预的样本（对照组，comparison group）与接受干预的样本（处理组，treatment group）进行匹配，进而达到近似随机实验的效果。

给定 $p(X)$ 结合倾向得分定理，接受干预的平均因果效应（average treatment effect for the treated，ATT）可以表示为：

$$ATT \equiv E[CAR_1 - CAR_0 \mid Treat = 1]$$
$$= E\{E[CAR_1 - CAR_0 \mid p(X), Treat = 1] \mid Treat = 1\} \qquad (4-13)$$

其中，

$$E[CAR_1 - CAR_0 \mid p(X), Treat = 1] = E[CAR_1 \mid p(X),$$
$$Treat = 1] - E[CAR_0 \mid p(X), Treat = 0]$$

根据倾向得分定理可知：

$$E[CAR_0 \mid p(X), Treat = 1] = E[CAR_0 \mid p(X), Treat = 0]$$

综上可得，接受干预的因果效应为：

$$E\big[\,E[\,CAR\mid p(X),Treat=1\,]-E[\,CAR\mid p(X),Treat=0\,]\mid Treat=1\,\big]$$

具体而言 PSM 方法分三步进行：第一步，根据 $p(X)$ 对样本分层；第二步，将处理组和对照组的均值组作差；第三步，在第二步的基础上进一步基于 $Treat=1$ 求条件期望。

最终得到：

$$E[\,CAR_1-CAR_0\mid Treat=1\,]=E\left[\frac{(Treat-p(X))\,CAR}{Pr(Treat=1)(1-p(X))}\right]$$

$$(4-14)$$

式（4-14）意味着匹配方法依赖于共同区间假设：$p(X)<1$。

具体实施过程分两步进行。首先，根据 Logit 模型估计出倾向得分值；然后，从对照组样本中选取倾向得分值与处理组最接近的进行匹配和比较。我们主要采用最邻近匹配法（nearest-neighbor matching）进行匹配。具体而言：

第一步，构建 Logit 模型：

$$\log\left(\frac{Pr(Treat_{i,t}=1)}{1-Pr(Treat_{i,t}=1)}\right)=\gamma_0+X_{i,t}\gamma+\upsilon_{it} \qquad (4-15)$$

根据估计结果计算倾向得分：

$$p(X_{i,t})=\frac{e^{X_{i,t}\gamma}}{1+e^{X_{i,t}\gamma}}$$

第二步，根据倾向得分值进行匹配，然后计算平均处理效应。具体而言，根据激励标的物的选择状态将样本分为处理组和对照组。以股票期权为激励标的物的公司 k 属于处理组，以限制性股票为标的物的公司 l 属于对照组。

根据卡梅伦和特里维迪（Cameron and Trivedi, 2005），匹配原则是：

$$A_l(p(X))=\{p_k\mid\min_k\|p_l-p_k\|\}$$

其中，$A_l(p(\boldsymbol{X}))$ 是与处理组样本 k 相配的对照组样本，$\boldsymbol{X}$ 是式（4-15）中的协变量，$p(\boldsymbol{X})$ 是对应的倾向得分。

我们关注股权激励信号的传递效应，因此，结果变量是累积异常收益率。累积异常收益率在股票期权组与限制性股票组之间的差异，即 ATT。利用最邻近匹配法，可以计算出接受干预的平均因果效应：

$$ATT = \frac{1}{N_k} \sum_k \left[CAR_{1,k} - \sum_l w(k,l) CAR_{0,l} \right] \qquad (4-16)$$

其中：N_k 是处理组的样本量；$CAR_{0,l}$ 是以限制性股票为标的物的公司 l 的累积异常收益率；$w(k, l)$ 是权重，当 $l \in A_k(p(\boldsymbol{X}))$ 时，即 l 是经过最邻近匹配后得到的匹配样本时，$w(k,l) = 1$，否则，$w(k,l) = 0$。

四、广义倾向得分匹配法

因本斯（Imbens，2000）扩展了倾向得分匹配法，将其推广至允许处理变量取多个值的情形，创立了广义倾向得分匹配法（generalized propensity score matching，GPSM）。PSM 与 GPSM 在对总样本的划分上存在差异。传统的 PSM 方法在估计平均因果效应时，按照因果比较（causal comparisons）有效的原则将总样本划分为子样本。因本斯开创的 GPSM 方法提供了另外一种思路，只需要将总样本划分为可估计平均潜在结果（potential outcomes）的子样本即可。

广义倾向得分匹配法按三个步骤进行（Imbens，2000）：

第一，估计广义倾向得分。广义倾向得分用符号表示为 $r(T,\boldsymbol{X})$，定义是：在给定协变量 $\boldsymbol{X}$ 的情况下，接受特定处理水平（$Treat = T$）的条件概率。表示为：

$$r(T,\boldsymbol{X}) = E[Treat = T \mid \boldsymbol{X}] = \Pr[Treat = T \mid \boldsymbol{X}] \qquad (4-17)$$

这里处理变量的取值 T 超过两个。可以使用多项 Logit 模型（multinomial logit）、嵌套 Logit 模型（nested logit）和分数 Logit（fractional logit）

模型等方法进行估计。

第二，给定处理水平 T 和广义倾向得分 r，估计结果变量的条件期望值：

$$\beta(T,r) = E[CAR(T) \mid Treat = T, r(T,X) = r] \qquad (4-18)$$

第三，在条件期望值 $\beta(T,r)$ 的基础上结合期望迭代率，得到剂量响应函数（dose-response function）：

$$\mu(T) = E\{\beta[T, r(T,X)]\} \qquad (4-19)$$

由于股权激励业绩考核指标并非正态分布，因而本书参考瓜达巴西奥和文图拉（Guardabascio and Ventura，2014）以分数 Logit 模型为基础，对股权激励业绩考核指标的信号传递效应进行估计。

第五章

我国上市公司股权激励制度
背景与特征事实

本章首先介绍了我国股权激励制度出台的相关背景，梳理了相关法规政策的历史沿革，描述了我国股权激励计划的特征事实，包括股权激励计划的时间、板块和行业分布特征，分析了股权激励业绩考核指标的数量特征；然后从股权激励草案公告日的异常收益率、收益率的方差变化率和换手率三个方面，对资本市场的反应进行了度量刻画。

第一节　我国上市公司股权激励制度背景

股权激励相关制度的出台与实施的目的在于推进资本市场改革开放和稳定发展，提高上市公司质量，完善上市公司治理结构，促进上市公司规范运作与持续发展。在这个大背景下，股权激励作为将股东利益、公司利益和个人利益结合在一起的措施，经历了从无到有，从小到大的快速发展过程。

笔者将2002年以来有关股权激励的制度政策梳理于表5-1中，从中可以看到政府对股权激励监管措施的变迁。

表 5 - 1　　　　　　　　与股权激励相关的法律法规和部门规章

分类	部门	时间	法律法规和部门规章
顶层制度设计	财政部、科技部	2002 年 8 月	《关于国有高新技术企业开展股权激励试点工作的指导意见》
	国务院	2004 年 1 月	《国务院关于推进资本市场改革开放和稳定发展的若干意见》
	全国人大	2005 年 10 月	《中华人民共和国公司法》和《中华人民共和国证券法》修订
监管类	证监会	2005 年 9 月	《上市公司股权分置改革管理办法》
	证监会	2005 年 12 月	《上市公司股权激励管理办法（试行）》
	国务院国资委、财政部	2006 年 9 月	《国有控股上市公司（境内）实施股权激励试行办法》
	证监会	2008 年 3 月	《股权激励有关事项备忘录 1 号》
	证监会	2008 年 3 月	《股权激励有关事项备忘录 2 号》
	证监会	2008 年 9 月	《股权激励有关事项备忘录 3 号》
	国务院国资委、财政部	2008 年 10 月	《关于规范国有控股上市公司实施股权激励制度有关问题的通知》
	证监会	2013 年 3 月	《证券公司股权激励约束机制管理规定（征求意见稿）》
	证监会	2016 年 7 月	《上市公司股权激励管理办法》
	上交所	2016 年 8 月	修订《第五十四号上市公司股权激励计划股票期权符合行权条件公告》
	深交所	2016 年 8 月	《主板信息披露业务备忘录第 3 号——股权激励及员工持股计划》
	深交所	2016 年 8 月	《创业板信息披露业务备忘录第 8 号——股权激励计划》
财税类	财政部、国家税务总局	2005 年 3 月	《财政部 国家税务总局关于个人股票期权所得征收个人所得税问题的通知》
	国家税务总局	2006 年 9 月	《国家税务总局关于个人股票期权所得缴纳个人所得税有关问题的补充通知》
	财政部、国家税务总局	2009 年 1 月	《财政部国家税务总局关于股票增值权所得和限制性股票所得征收个人所得税有关问题的通知》
	国家税务总局	2009 年 9 月	《国家税务总局关于股权激励有关个人所得税问题的通知》

续表

分类	部门	时间	法律法规和部门规章
财税类	国家税务总局	2012 年 5 月	《国家税务总局关于我国居民企业实行股权激励计划有关企业所得税处理问题的公告》
	国家税务总局	2016 年 9 月	《关于完善股权激励和技术入股有关所得税政策的通知》

资料来源：全国人大、国务院、国务院国资委、财政部、国家税务总局、科技部、证监会、上交所、深交所等网站。

按照对股权激励产生重大影响的法律法规实施节点，上市公司股权激励的发展大致可以分为三个阶段。

一、股权激励萌芽探索阶段（2005 年前）

（一）政府部门与上市公司的早期探索

我国最早的有关股权激励的官方文件是财政部、科技部于 2002 年 8 月提出的《关于国有高新技术企业开展股权激励试点工作的指导意见》，针对国有高新技术企业开展股权激励试点，旨在"调动企业科技人员、经营管理人员的积极性和创造性，有利于国有资产的保值增值"，"推动国有高新技术企业的技术创新和可持续发展"。文件规定了试点企业股权激励的三种方式：（1）奖励股权（份），"企业按照一定的净资产增值额，以股权方式奖励给对企业的发展做出突出贡献的科技人员"；（2）股权（份）出售，"根据对企业贡献的大小，按一定价格系数将企业股权（份）出售给有关人员"；（3）技术折股，"允许科技人员以个人拥有的专利技术或非专利技术（非职务发明），作价折合为一定数量的股权（份）"。这种措施的特点是基于过去的业绩进行奖励，不同于面向未来的期权激励。

根据世界各国的通行做法，股权激励主要以股票期权和限制性股票两种形式为主。但是由于受到我国《公司法》和《证券法》关于"不允许股票回购"的制约，2005 年前，我国上市公司股权激励主要采取了虚拟股票（phantom stocks）和股票增值权（stock appreciation rights）的形式

（周正庆，2006）。

虚拟股票是在激励对象不拥有股权的情况下，将奖励对象的利益与股票升值联系起来的一种制度。激励对象凭着虚拟股票获得的收益分为两部分：一是股票升值带来的收益，二是分红收益。但虚拟股票不能参与表决，也无法转让，并且在激励对象离职后失效。我国上市公司虚拟股票最早产生于1999年7月，由上海贝岭最早开始实践，以解决人才流失问题。股票增值权与虚拟股票类似，只是没有分红收益。三毛实业是第一个于2000年1月尝试股票增值权的上市公司。很显然这两种做法绕开了股票回购，解决了激励需要的股票来源问题（李维安和郝臣，2015）。

（二）顶层制度设计，创造市场环境

国务院于2004年1月发布了《国务院关于推进资本市场改革开放和稳定发展的若干意见》，提出"积极稳妥解决股权分置问题"。"规范上市公司非流通股份的转让行为……稳步解决目前上市公司股份中尚不能上市流通股份的流通问题。"2005年9月证监会公布了《上市公司股权分置改革管理办法》，旨在建立"非流通股股东和流通股股东之间的利益平衡协商机制，消除A股市场股份转让制度性差异的过程"。上市公司股权分置改革提高了股票市场的有效性，为股权激励的实施创造了良好的市场环境。

2005年《中华人民共和国公司法》和《中华人民共和国证券法》的修订为股权激励的实施扫清了制度和法律上的障碍。一是允许公司以股权激励为目的的股份回购；二是允许向特定对象发行股票，这就解决了股权激励标的物来源问题；三是允许内幕人士在满足一定条件下买卖证券，这使股权激励实施成为可能（周正庆，2006）。

二、股权激励规范发展阶段（2006～2015年）

（一）监管措施建立

法律和市场环境的改善意味着证监会制定上市公司股权激励规则的条

件已经具备。2006 年起开始实施的《上市公司股权激励管理办法（试行）》是在国家层面上针对上市公司股权激励的第一份正式文件，标志着对股权激励的监管指导正式拉开序幕，对于保护投资者权益，形成股权激励的长效机制具有重大意义。该办法对实施股权激励的上市公司提出了基本要求，明确了实施程序，规范了信息披露，具体体现在下几个方面：第一，明确了激励对象（第八条）；第二，解决标的股票来源的方式（第十一条）；第三，规定激励对象获授股票的业绩条件（第十七条）；第四，防范内幕交易、操纵证券（第六条、第四十九条）；第五，要求履行信息披露义务（第四条）。

这一阶段对股权激励的实施要求相对比较严格，最突出的特点是备案制，即股权激励计划需要得到证监会的行政许可。《上市公司股权激励管理办法（试行）》的第三十三条规定，"董事会审议通过股权激励计划后，上市公司应将有关材料报中国证监会备案，同时抄报证券交易所及公司所在地证监局"。

2006 年实施股权激励的上市公司一共有 27 家。中捷股份是我国首家依据该办法实施股权激励的上市公司，其激励方案草案披露的基本信息是：（1）首次授予激励对象人数 10 人；（2）标的物来源为定向发行 510 万股公司股票的期权；（3）发行激励总数占总股本比例为 3.71%；（4）行权价格为 6.59 元；（5）获授期权和行权的业绩考核目标是：加权平均净资产收益率不低于 10%，利润增长率不低于 15%。

随后 2006 年 9 月，国务院国有资产监督管理委员会和财政部为指导国有控股上市公司规范实施股权激励，制定了《国有控股上市公司（境内）实施股权激励试行办法》对中央企业及其所出资企业控股的上市公司、地方国有控股上市公司股权激励的审核、备案程序做出规定。

随着股权激励的实践，一些问题逐渐暴露。2007 年 3 月证监会发布《关于开展加强上市公司治理专项活动有关事项的通知》，特别针对已经实施股权激励计划的上市公司提出了一系列整改要求，对于治理结构存在严重缺陷以及对存在问题拒不整改的，证监会将不受理其股权激励申报材料。当年证监会备案批复实施股权激励的上市公司只有7家。

2008年3月以来，证监会又陆续发布了3个股权激励相关事项备忘录，进一步指导上市公司股权激励实践，完善了股权激励备案标准。

《股权激励有关事项备忘录1号》明确：（1）限制性股票授予价格的折扣问题；（2）激励对象资格问题，指出"激励对象不能同时参加两个或以上上市公司的股权激励计划"；（3）对行权指标设定问题给出了指导建议，在纵向比较维度上"原则上实行股权激励后的业绩指标……不低于历史水平"，在横向比较维度上"公司业绩指标不低于同行业平均水平"。

《股权激励有关事项备忘录2号》对股权激励与重大事件间隔期做出了3项规定，要求上市公司：（1）"在履行信息披露义务期间及履行信息披露义务完毕后30日内，不得推出股权激励计划草案"；（2）"增发新股、资产注入、发行可转债等重大事项动议至上述事项实施完毕后30日内，上市公司不得提出股权激励计划草案"；（3）"公司披露股权激励计划草案至股权激励计划经股东大会审议通过后30日内，上市公司不得进行增发新股、资产注入、发行可转债等重大事项"。上述规定在某种程度上延缓了有再融资和重组需求公司的股权激励计划。

为确保股权激励计划备案工作的严肃性，证监会发布了《股权激励有关事项备忘录3号》，特别针对股权激励计划的变更与撤销问题做出了限制。（1）针对变更计划问题，明确强调"上市公司不可随意提出修改权益价格或激励方式"，如果拟修改权益价格或激励方式，应在董事会审议通过后"向中国证监会提交终止原股权激励计划备案的申请"；（2）针对激励计划撤销问题，设置了惩罚措施——"撤销实施股权激励计划决议或……未通过股权激励计划的，自决议公告之日起6个月内，上市公司董事会不得再次审议和披露股权激励计划草案"。

2008年10月国务院国资委和财政部发布了《关于规范国有控股上市公司实施股权激励制度有关问题的通知》。该通知明确提出三大类业绩考核指标：（1）反映股东回报和公司价值创造指标；（2）反映公司赢利能力及市场价值等成长性指标；（3）反映企业收益质量的指标。

另外，为规范证券公司股权激励行为，2013 年 3 月证监会起草了《证券公司股权激励约束机制管理规定（征求意见稿）》，对实施股权激励的证券公司出具了六条审慎性要求，允许采取间接持股方式实施股权激励，提出"激励对象可以采取设立信托计划或者公司、合伙企业等方式持有证券公司授予的限制性股权或者股票期权"。

这一阶段，实施股权激励计划的公司的数目逐渐增多。2008 年和 2009 两年实施股权激励的公司分别为 21 家和 20 家。2010 年开始获得证监会批复并实施股权激励的公司开始增多，2010 年有 69 家，2013 年达到 175 家。随后两年，新增实施股权激励公司的数目一直保持平稳（见图 5 - 1）。

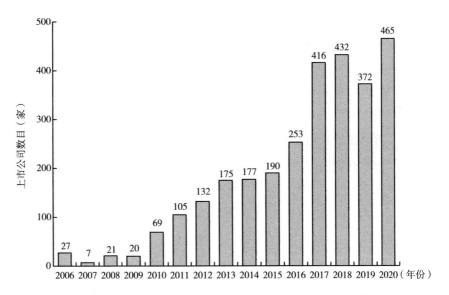

图 5 - 1　历年公告并实施股权激励方案的上市公司数目（2006 ~ 2020 年）
资料来源：笔者基于国泰安数据库、年报手工整理数据计算而得。

（二）财税法规助力

在财税政策方面，为适应上市公司实施股权激励计划，财政部、国家税务总局 2005 年印发了《财政部 国家税务总局关于个人股票期权所得征收个人所得税问题的通知》，2006 年下发了《国家税务总局关于个人股票期权所得缴纳个人所得税有关问题的补充通知》，2009 年下发了《财政部 国家税务总局关于股票增值权所得和限制性股票所得征收个人所得税有关问题的通知》和《国家税务总局关于股权激励有关个人所得税问题的通知》等文件，确定了以下事项：（1）股权激励所得项目和计税方法；（2）股票增值权应纳税所得额；（3）限制性股票应纳税所得额；（4）股权激励所得应纳税额的计算；（5）纳税义务发生时间和报送相关资料的规定。

在企业所得税方面，国家税务总局 2012 年发布了《国家税务总局关于我国居民企业实行股权激励计划有关企业所得税处理问题的公告》分别针对以下两种情况在工资薪金支出的税前扣除问题上进行了规定：（1）股权激励计划实行后立即可以行权的；（2）需待一定服务年限或者达到规定业绩条件方可行权的。

三、股权激励快速发展阶段（2016 年至今）

（一）监管措施更新与完善

为了更好地顺应上市公司股权激励的发展需求，进一步赋予企业自治与决策空间。证监会以市场化改革为原则，本着简政放权、宽进严管的理念，于 2016 年 7 月，在对相关实践总结的基础上，颁布了新的《上市公司股权激励管理办法》，废止了 2015 年试行办法和 3 个备忘录，对股权激励的实施条件、激励对象范围、规模比例、考评与定价机制以及完善不当利益回吐机制等方面做出重大修订，进一步完善了股权激励政策。新办法的特点有四个：

一是取消了股权激励计划备案制相关规定。证监会再不对股权激励计划设置行政许可，意味着上市公司可以自主决定实施股权激励计划。

二是放宽了股权激励与其他重大事项的间隔期的要求，取消了股权激励与公司重大事项相互排斥的规定，指出"上市公司启动及实施增发新股、并购重组、资产注入、发行可转债、发行公司债券等重大事项期间，可以实行股权激励计划"，也终止了实行股权激励计划的强制间隔期方面的要求。

三是放宽了绩效考核指标要求，取消了《股权激励有关事项备忘录3号》中关于行权业绩不得低于历史水平的要求，改为"可以公司历史业绩或同行业可比公司相关指标作为公司业绩指标对照依据"。

四是对信息披露做专章规定，强化信息披露监管。

根据中国证监会新的股权激励管理办法，深圳证券交易所于2016年8月颁布《主板信息披露业务备忘录第3号——股权激励及员工持股计划》，以规范主板上市公司股权激励相关信息披露及业务办理。该备忘录对股权激励审议程序及首次信息披露提出了详细的要求：（1）明确了上市公司股权激励计划草案应包括的具体内容；（2）规范了限制性股票、股票期权的授予、登记要求；（3）细化了对董事会审议授予事宜后披露授予相关公告应当包括的内容；（4）给出了披露股票期权行权事宜应该公告的内容；（5）给出了限制性股票解除限售的条件成就后，上市公司应当公告的内容。与此同时，深圳证券交易所还颁布《创业板信息披露业务备忘录第8号——股权激励计划》对创业板上市公司股权激励相关信息披露进行规范。同时，上海证券交易所也开通了股权激励计划股票行权自主行权业务，对《第五十四号上市公司股权激励计划股票期权符合行权条件公告》进行了修订。

总之，2016年后新的股权激励办法体现了宽进严管，强化细化对决策、授予、执行等各环节的信息披露监管，以及加强事后监管的精神。这一系列旨在提高信息披露的措施，形成了规范上市公司股权激励的一套体系。

2016年实施股权激励公司的数目高达253家，比上一年多出63家。新规的效应开始体现，2017年更是再创新高，达到416家，随后几年依然保持旺盛趋势，2018～2020年分别为432家、372家和465家（见图5-1）。

这表明新规实施之后，股权激励得到了越来越多上市公司的认可。

（二）财税法规修订

在财税政策方面，财政部、国家税务总局于 2016 年进一步完善了股权激励有关的所得税政策，发布了《关于完善股权激励和技术入股有关所得税政策的通知》，其中，对上市公司的股票期权、限制性股票和股权奖励规定了适当延长纳税期限。2019 年个人所得税改革后，财政部、国家税务总局发布了《关于个人所得税法修改后有关优惠政策衔接问题的通知》，对股权激励所得给予税收优惠，指出"居民个人取得股票期权、股票增值权、限制性股票、股权奖励等股权激励……在 2021 年 12 月 31 日前，不并入当年综合所得，全额单独适用综合所得税率表，计算纳税"。

第二节　股权激励计划的特征事实

一、股权激励计划的时间分布特征

从激励标的物看，2006 年起，我国上市公司实施的股权激励计划一共有三种形式，分别是：股票期权（stock option）、限制性股票（restricted stock）和股票增值权（appreciation rights）。图 5 - 2 按照激励标的物绘制了 2006 ~ 2020 年对应的股权激励计划数目的分布。可以看出，股权激励以股票期权和限制性股票为主。在 2011 年之前股票期权是主要的激励形式。2006 年以股票期权为标的物的上市公司有 19 家，2007 ~ 2009 年分别为 5 家、16 家和 13 家，2010 ~ 2011 年这一数目跃升至 52 家和 72 家。从 2012 年起，限制性股票开始成为股权激励的主导形式，这一年以限制性股票为标的物的上市公司共有 67 家，2013 ~ 2016 年稳步上升，分别为 94 家、119 家、143 家和 190 家。2017 年骤升至 328 家，随后两年也一直保持在 200 家以上，2020 年达到 347 家，而当年实施股票期权的公司数目只有 117 家，表明限制性股票已经成为市场主流。

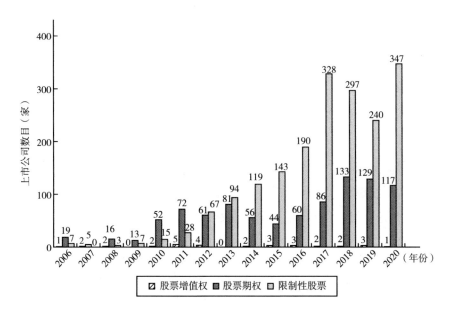

图 5-2　股权激励标的物在各年份的分布情况（2006~2020 年）

资料来源：笔者基于国泰安数据库、年报手工整理数据计算而得。

从制度设计上看，股票期权和限制性股票在权利义务以及激励与惩罚的对称性上存在差异。从权利义务上看，股票期权具有期权属性，即只有选择行权获益的权利，这导致激励对象在权利义务上不对称。限制性股票则表现出权利与义务相对称的特点。股价涨跌关乎限制性股票价值的增减。从对激励对象的惩罚上看，股票期权不具有惩罚性，当预设的业绩考核指标未能实现或股票价格下跌时，激励对象选择放弃行权，没有实际资金损失。而限制性股票要求激励对象预先出资购买股票，绑定了激励对象。一方面，股价下跌直接导致其损失，另一方面，如果达不到预设解锁条件，那么先前的出资就变成了沉没成本。

鉴于两种激励方式的特点不同，一些上市公司采取两种激励方式相结合的混合模式（见图 5-3）。可以看出，2006~2010 年同时采取混合模式的公司数目较少，2007 年和 2009 年没有采用混合模式的公司，其余每年只有 4 家。2011 年增至 16 家，随后两年继续增多，分别为 34 家和 60 家。2014～2015 年开始减少，分别为 44 家和 26 家。2016 年采取混合模式的公司开始增多，从 2016 年的 38 家增至 2017 年的 82 家和 2018 年的 114 家，2019 年和 2020 年采取混合模式公司的都在 100 家左右。

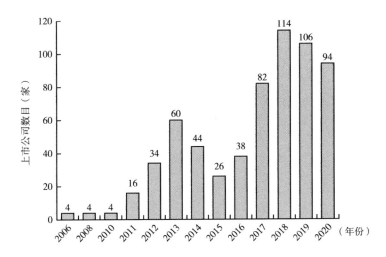

图 5 - 3　采取两种股权激励模式的上市公司数目（2006～2020 年）

资料来源：笔者基于国泰安数据库、年报手工整理数据计算而得。

进一步我们统计了混合模式公司的占比趋势（见图 5 - 4）。2011 年以后，新增采用混合模式的上市公司比例一直位于 15% 以上，特别是 2017 年以来，每年新增公司占比都超过 20%。这表明越来越多的公司充分利用两种激励模式的优点，实现优势互补。另外，2019 年和 2020 年同时实施三种激励模式的上市公司各有 3 家。

二、股权激励计划的板块分布特征

笔者按照股票交易板块（中小板、创业板、沪市主板、深市主板和科创板）分类统计了各年份实施股权激励公司的数量（见图 5 - 5）。

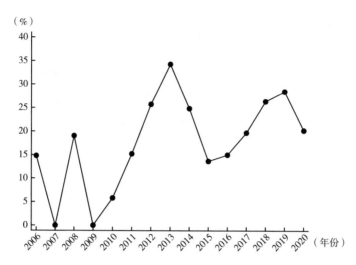

图 5-4 采取两种股权激励模式的上市公司占比（2006~2020 年）

资料来源：笔者基于国泰安数据库、年报手工整理数据计算而得。

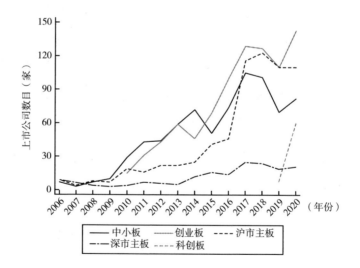

图 5-5 各板块实施股权激励的上市公司数目（2006~2020 年）

资料来源：笔者基于国泰安数据库、年报手工整理数据计算而得。

图 5-5 显示，创业板和中小板上市公司是实施股权激励的主力。中小板自 2006 年开始，每年都有上市公司实施股权激励计划，最初只有 7家，随后逐年增加，2014 年增至 72 家，2016 年股权激励新办法出台后，

每年新增股权激励公司数目均在 70 家以上，其中 2017 年和 2018 年分别达到 107 家和 105 家。创业板从 2009 年 10 月正式开板以后，自 2010 年开始就有 15 家公司实施了股权激励草案，之后新增数目大幅增加，2016 年后每年新增股权激励计划公司数量均在 100 家以上，2020 年达到 143 家。值得注意的是 2016 年新规之前沪市主板实施股权激励的公司数量相对较少，平均每年 20 家左右，2016 年之后这一数字有了大幅提升，从 2016 年的 46 家跃升至 2017 年的 116 家，以后每年均保持在 110 家以上。另外，近年来，科创板上市公司在实施股权激励上也开始崭露头角，2019 年开板当年有 8 家，2020 年有 60 家。

进一步，笔者从激励标的物的角度对各板块进行分类统计。按照股票期权（O）、限制性股票（R）和混合模式（O&R）的统计结果如表 5 - 2 所示。可以看出，限制性股票是各个板块的主导模式，股票期权次之，混合模式略少于股票期权。创业板采用限制性股票的规模最大，其次是沪市主板。股票期权的使用在中小板、创业板和沪市主板之间规模大体相当。

三、股权激励计划的行业分布特征

表 5 - 3 统计了上市公司股权激励在不同行业的实施分布情况。可以看出，股权激励主要集中在 5 个行业：（1）化学原料及化学制品制造业；（2）医药制造业；（3）电气机械及器材制造业；（4）计算机、通信和其他电子设备制造业；（5）信息传输、软件和信息技术服务业。这 5 个行业累积实施股权激励计划次数分别为：160 次、165 次、255 次、356 次和 383 次。其中计算机、通信和其他电子设备制造业实施股权激励次数最多。这些行业技术含量高，研发密度强，对核心技术人员依赖度高，因而推出股权激励能够调动人才工作积极性，有利于提升公司业绩。

进一步，我们按照股票期权、限制性股票和二者兼有的混合模式对这 5 个行业的股权激励计划进行细分统计。表 5 - 4 报告了统计结果，这 5 个行业的股权激励形式以限制性股票为主，没有采用混合模式。

表 5-2　各板块按股权激励标的物统计的公司数目（2006～2020年）

单位：家

年份	中小板			创业板			沪市主板			深市主板			科创板		
	O	R	O&R	O	R	O&R	O	R	O&R	O	R	O&R	O	R	O&R
2006	5	0	2	—	—	—	7	2	0	5	4	0	—	—	—
2007	3	0	0	—	—	—	2	0	0	0	0	0	—	—	—
2008	5	1	1	—	—	—	8	0	0	2	1	1	—	—	—
2009	8	2	0	—	—	—	3	4	0	2	0	0	—	—	—
2010	22	6	0	12	2	1	12	6	1	4	0	0	—	—	—
2011	28	11	4	25	4	2	7	7	1	4	2	1	—	—	—
2012	16	24	3	15	17	11	9	8	3	4	2	0	—	—	—
2013	17	31	11	25	20	14	8	11	3	1	2	2	—	—	—
2014	11	47	14	13	26	6	6	17	2	4	8	0	—	—	—
2015	8	38	5	14	48	6	8	31	2	3	13	0	—	—	—
2016	13	56	5	15	74	10	9	34	3	6	7	1	—	—	—
2017	14	78	13	15	97	17	12	98	6	5	15	5	—	—	—
2018	20	63	18	27	82	18	20	84	19	11	11	2	—	—	—
2019	15	41	14	28	65	17	27	65	17	6	8	5	0	8	0
2020	18	49	15	21	112	10	23	71	16	7	9	5	1	58	1

注：O代表股票期权，R代表限制性股票，O&R代表混合模式。

资料来源：笔者基于国泰安数据库、年报手工整理数据计算而得。

表5-3　各行业股权激励计划数目（2006～2020年）

单位：次

行业代码	2006年	2007年	2008年	2009年	2010年	2011年	2012年	2013年	2014年	2015年	2016年	2017年	2018年	2019年	2020年
A	—	—	1	—	—	1	2	1	2	4	1	3	2	3	1
B	—	—	—	—	1	—	—	—	—	1	3	3	5	2	2
C13	—	—	—	—	1	2	2	2	1	1	5	3	6	5	4
C14	1	—	—	—	1	1	1	1	7	1	3	3	3	4	4
C15	1	—	—	—	—	—	—	—	—	—	—	1	2	2	1
C17	—	—	—	—	1	2	1	3	2	2	2	2	5	3	3
C18	2	1	—	—	3	—	3	2	—	2	2	7	1	3	3
C19	—	—	—	—	—	—	—	—	1	—	—	—	2	2	—
C20	—	—	—	—	—	—	—	—	—	—	1	4	1	—	—
C21	—	1	1	—	—	2	1	—	1	—	1	9	4	2	3
C22	—	1	1	—	—	—	—	2	1	1	1	3	1	—	1
C23	—	—	—	—	—	1	—	—	1	1	1	1	3	1	—
C24	—	—	—	—	2	1	3	2	1	—	—	1	2	3	3
C25	—	—	—	—	—	—	—	1	1	—	—	1	1	—	—
C26	1	—	3	2	—	6	10	12	9	11	7	20	27	23	29
C27	2	—	—	4	2	7	8	12	12	11	16	20	25	19	27
C28	2	—	—	—	2	2	3	2	1	1	2	2	2	—	1
C29	—	—	—	—	2	—	3	2	4	—	3	7	4	9	13
C30	—	—	1	—	2	—	3	1	3	5	3	11	8	4	8

续表

行业代码	2006年	2007年	2008年	2009年	2010年	2011年	2012年	2013年	2014年	2015年	2016年	2017年	2018年	2019年	2020年
C31	—	—	1	—	—	—	1	—	1	—	—	3	2	2	3
C32	1	1	—	—	—	1	3	1	2	4	3	5	2	2	6
C33	1	—	1	1	2	1	1	4	2	3	4	9	2	6	5
C34	—	—	—	—	2	5	4	4	3	4	8	8	16	7	13
C35	2	—	—	—	5	4	8	7	7	8	11	23	17	25	38
C36	—	—	—	—	2	—	2	2	2	3	6	6	15	8	8
C37	—	—	—	—	—	—	1	4	2	1	4	2	6	7	5
C38	—	—	2	1	7	10	14	12	16	19	18	34	33	26	33
C39	3	1	5	4	5	12	11	24	17	18	35	51	66	40	64
C40	—	—	—	—	—	1	3	2	4	6	6	6	4	4	4
C41	—	—	—	—	2	—	—	1	—	—	—	1	1	—	—
C42	—	—	—	—	—	—	—	—	—	—	2	—	—	—	—
D	1	—	—	—	2	3	2	1	2	2	3	1	2	4	5
E	—	1	—	—	2	3	1	5	3	2	5	10	6	7	5
F	1	—	1	3	2	4	3	5	7	7	4	12	12	9	15
G	—	—	—	—	—	1	2	1	—	—	3	4	6	10	4
H	—	—	—	—	—	—	—	—	—	—	—	—	1	—	—
I	1	—	1	3	11	20	14	18	25	29	42	57	49	39	74
J	1	1	—	—	1	—	—	—	1	—	—	—	—	3	1

续表

行业代码	2006年	2007年	2008年	2009年	2010年	2011年	2012年	2013年	2014年	2015年	2016年	2017年	2018年	2019年	2020年
K	4	1	1	2	7	5	2	4	1	13	5	6	8	5	2
L	—	—	—	—	1	1	1	2	3	4	8	7	6	8	9
M	—	—	—	—	—	1	—	2	3	1	1	9	9	11	7
N	—	1	1	—	3	—	2	2	5	6	8	4	7	6	5
O	—	—	—	—	—	—	—	—	—	—	—	—	1	1	—
P	—	—	—	—	—	—	—	—	1	—	—	1	—	—	—
Q	—	—	—	—	—	1	—	3	—	—	—	2	—	2	2
R	—	1	—	—	1	—	1	2	1	2	2	4	4	3	2
S	—	—	—	—	1	—	1	—	—	—	1	—	1	—	—

注：表中对应行业依次分别为：A 农、林、牧、渔业，B 采矿业，C13 农副食品加工业，C14 食品制造业，C15 酒、饮料和精制茶制造业，C17 纺织业，C18 纺织服装、服饰业，C19 皮革、毛皮、羽毛及其制品和制鞋业，C20 木材加工及木、竹、藤、棕、草制品业，C21 家具制造业，C22 造纸及纸制品业，C23 印刷和记录媒介复制业，C24 文教、工美、体育和娱乐用品制造业，C25 石油加工、炼焦及核燃料加工，C26 化学原料及化学制品制造业，C27 医药制造业，C28 化学纤维制造业，C29 橡胶和塑料制品业，C30 非金属矿物制品业，C31 黑色金属冶炼及压延加工业，C32 有色金属冶炼及压延加工业，C33 金属制品业，C34 通用设备制造业，C35 专用设备制造业，C36 汽车制造业，C37 铁路、船舶、航空航天和其他运输设备制造业，C38 电气机械及器材制造业，C39 计算机、通信和其他电子设备制造业，C40 仪器仪表制造业，C41 其他制造业，C42 废弃资源综合利用业，D 电力、热力、燃气及水生产和供应业，E 建筑业，F 批发和零售业，G 交通运输、仓储和邮政业，H 住宿和餐饮业，I 信息传输、软件和信息技术服务业，J 金融业，K 房地产业，L 租赁和商务服务业，M 科学研究和技术服务业，N 水利、环境和公共设施管理业，O 居民服务、修理和其他服务业，P 教育，Q 卫生和社会工作，R 文化、体育和娱乐业，S 综合。"—"代表数据缺失。

资料来源：笔者基于国泰安数据库、年报手工整理数据计算而得。

75

表5-4　股权激励集中度前五名的行业按激励标的物统计的激励计划数目（2006~2020年）

单位：次

年份	化学原料及化学制品制造业			医药制造业			电气机械及器材制造业			计算机、通信和其他电子设备制造业			信息传输、软件和信息技术服务业		
	O	R	O&R	O	R	O&R	O	R	O&R	O	R	O&R	O	R	O&R
2006	0	1	0	2	0	0	—	—	—	2	1	0	0	1	0
2007	—	—	—	—	—	—	—	—	—	1	0	0	—	—	—
2008	3	0	0	—	—	—	2	0	0	5	0	0	1	0	0
2009	2	0	0	2	2	0	1	0	0	1	3	0	2	1	0
2010	—	—	—	0	4	0	5	2	0	4	1	0	9	2	0
2011	5	0	0	3	5	0	6	4	0	9	3	0	17	3	0
2012	5	5	0	3	8	0	7	7	0	5	6	0	5	9	0
2013	6	6	0	4	12	0	6	6	0	12	12	0	7	11	0
2014	4	5	0	0	9	0	3	13	0	3	14	0	8	17	0
2015	2	9	0	1	16	0	2	17	0	5	13	0	9	19	0
2016	0	6	0	0	17	0	6	12	0	6	28	0	5	36	0
2017	3	17	0	3	16	0	8	26	0	9	42	0	13	44	0
2018	1	26	0	9	16	0	5	28	0	23	43	0	20	29	0
2019	3	20	0	3	16	0	10	16	0	15	25	0	13	25	0
2020	2	27	0	3	24	0	10	23	0	15	49	0	19	55	0

注：O代表股票期权，R代表限制性股票，O&R代表混合模式。"—"代表数据缺失。
资料来源：笔者基于国泰安数据库、年报手工整理数据计算而得。

第三节 股权激励业绩考核指标的特征事实

实施股权激励的根本目的在于提升公司业绩，因而业绩考核指标是股权激励计划的重要内容。激励对象在考核时段内要达到业绩目标才能够行权或获得授权。2005 年的《上市公司股权激励管理办法（试行）》第十七条明确指出"上市公司授予激励对象限制性股票，应当在股权激励计划中规定激励对象获授股票的业绩条件"。2006 年《国有控股上市公司（境内）实施股权激励试行办法》针对限制性股票规定"激励对象只有在……业绩目标符合股权激励计划规定条件的，才可以出售限制性股票并从中获益"。2008 年的《股权激励有关事项备忘录 1 号》进一步明确了上市公司设定股权激励行权业绩指标要求——"每股收益、加权净资产收益率和净利润增长率等不低于历史水平"，鼓励采用行业比较指标——"公司业绩指标不低于同行业平均水平"。可见我国的股权激励自始就是以绩效考核为导向的。

一、有业绩考核指标要求的激励计划在时间上的分布特征

图 5 – 6 绘制了历年有业绩考核指标要求的股权激励计划数目。可以看出以利润增长率为目标的激励计划最多。2016 年新规以后，每年都有超过 200 个股权激励计划提出了利润增长率业绩考核指标。2014 年之前，要求利润率（ROE）业绩指标的股权激励计划数量要高于要求销售收入增长率的激励计划，2014 年之后情况发生了逆转，要求销售收入增长率业绩的股权激励计划数量迅速增加，从 2015 年的 37 个增加到 2020 年的 199 个。

以上是从绝对数目看，接下来结合相对数给出分析。本书计算了各类提出业绩考核指标要求的股权激励计划占当年激励计划总数的比重，分析各

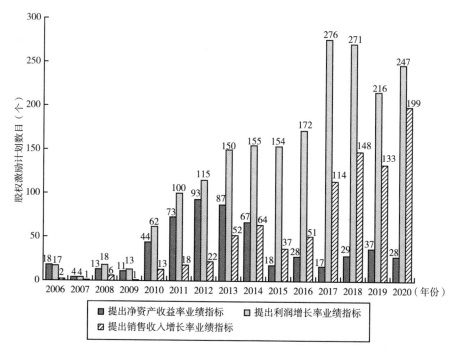

图 5-6 有业绩考核指标要求的股权激励计划数目（2006～2020 年）
资料来源：笔者基于国泰安数据库、年报手工整理数据计算而得。

类业绩考核指标使用的趋势，结果如图 5-7 所示。

图 5-7 中最突出的是，有净资产收益率业绩指标要求的激励计划占比迅速下降。2006 年该比例为 66.67%，在接下来的 6 年内一直保持平稳，2012 年达到高峰值 70.45%，之后该比例急剧下降，2020 年降至6.02%，这表明越来越多的上市公司在制订股权激励计划时已经不把净资产收益率作为主要考核手段。图 5-7 另一个引人注目的趋势是，自 2014年以来，要求利润增长率业绩指标的激励占比数逐年下降，虽然其仍然是主要的业绩考核方式。具体而言，该比例从 2011 年最高峰的 95.23% 降至2020 年的 53.12%。值得注意的是，近年来，销售收入增长率业绩考核指标越来越受到上市公司的青睐，呈现出逐年提高的趋势，从 2006 年的7.4% 上升至 2020 年的 42.8%，与要求利润增长率业绩的激励计划占比数接近。

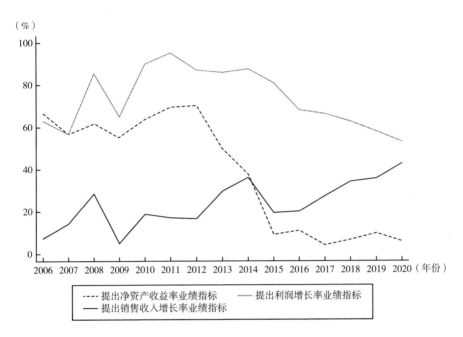

图 5－7 有业绩考核指标要求的股权激励计划占比趋势（2006～2020 年）

资料来源：笔者基于国泰安数据库、年报手工整理数据计算而得。

二、有业绩考核指标要求的激励计划在标的物上的分布特征

接下来统计有业绩考核指标要求的激励计划在各类标的物上的分布情况。表 5－5 分别基于股票期权和限制性股票，统计了三类业绩考核指标的激励计划数量。结果表明，无论是股票期权还是限制性股票，都以利润增长率为主要业绩考核指标。并且自 2015 年开始，净资产收益率业绩考核指标的数量均出现大幅下降。销售收入增长率指标从 2017 年开始大幅度被采用，其中股票期权计划从 2016 年的 11 个增加到 2020 年的 48 个，限制性股票计划由 39 个增加到 150 个。

表 5 - 5 　　　　股票期权与限制性股票中有业绩考核指标要求的激励
计划数目（2006~2020 年）　　　　　　　　单位：个

年份	股票期权			限制性股票		
	净资产收益率	利润增长率	销售收入增长率	净资产收益率	利润增长率	销售收入增长率
2006	16	16	1	2	1	1
2007	4	4	0	0	0	0
2008	8	15	4	3	2	1
2009	7	11	1	4	2	0
2010	36	48	12	7	13	0
2011	52	70	13	18	25	4
2012	45	56	9	45	57	11
2013	43	70	21	44	80	31
2014	24	52	19	43	101	44
2015	7	33	12	11	118	23
2016	12	43	11	16	127	39
2017	6	49	21	11	226	92
2018	6	67	43	22	203	105
2019	12	72	43	25	144	88
2020	5	60	48	23	187	150

资料来源：笔者基于国泰安数据库、年报手工整理数据计算而得。

　　一个激励计划可能有多个业绩考核指标要求，对此我们进一步统计了多个业绩指标的情况，结果列示于表 5 - 6。可以看出，在有业绩考核要求的股票期权计划中，提出三种指标的激励计划数呈现出由多到少然后再恢复的趋势，而有两种指标的计划数表现出由少到多的趋势。具体而言，2008 ~ 2015 年，提出三种指标的计划数平均占比约 20%，而提出两种指标的计划占比数明显较少，自 2016 年之后提出两种指标的计划数明显增多，平均 20% 左右，大约同一时期提出三种指标的计划数下降明显，由 2014 年最高的 32. 14% 降至 2016 年最低的 3. 33%，随后逐渐提升，至 2020 年达到 17. 95%。对于限制性股票，2012 年之前提出两种业绩指标要求以上的计划数较少，2013 年开始增多，2013 年和 2014 年提出三种指标的计划数的占比分别为 28.72% 和 32.77%，随后这一比例开始下降，2020 年降至 19.60%。提出两种指标的计划数从 2016 年开始增加，从 2015 年的 5.59% 增加至 2020 年的 23.63%。

表 5 - 6　　有业绩考核要求的激励计划中两种以上业绩指标的计划
数目与占比（2006 ~ 2020 年）

年份	股票期权				限制性股票			
	两种指标（个）	占比（%）	三种指标（个）	占比（%）	两种指标（个）	占比（%）	三种指标（个）	占比（%）
2006	0	0.00	1	5.26	0	0.00	1	14.29
2007	0	0.00	0	0.00	0	0	0	0
2008	0	0.00	4	25.00	1	33.33	0	0.00
2009	0	0.00	1	7.69	0	0.00	0	0.00
2010	2	3.85	10	19.23	0	0.00	0	0.00
2011	1	1.39	12	16.67	0	0.00	4	14.29
2012	1	1.64	8	13.11	2	2.99	9	13.43
2013	3	3.70	18	22.22	4	4.26	27	28.72
2014	1	1.79	18	32.14	5	4.20	39	32.77
2015	4	9.09	8	18.18	8	5.59	15	10.49
2016	9	15.00	2	3.33	28	14.74	11	5.79
2017	18	20.93	3	3.49	62	18.90	30	9.15
2018	31	23.31	12	9.02	61	20.54	44	14.81
2019	27	20.93	16	12.40	55	22.92	33	13.75
2020	27	23.08	21	17.95	82	23.63	68	19.60

资料来源：笔者基于国泰安数据库、年报手工整理数据计算而得。

总体来看，股票期权和限制性股票在 2020 年有两种业绩指标要求的比例均超过了 40%，这表明上市公司采用多种指标全方位考核激励对象，更有利于公司未来业绩的提升。

三、业绩考核指标的数量特征

（一）股票期权和限制性股票的业绩考核指标趋势特征

接下来我们分析股权激励要求的业绩考核指标的数量趋势特征。图 5 - 8
按照业绩考核类别分别统计了股票期权的净资产收益率业绩指标、利润增长
率业绩指标和销售收入增长率业绩指标的时间趋势特征。可以看出，净资产
收益率指标自 2006 年开始一直保持相对稳定接近，平均 9.6% 左右。利润增
长率指标波动较大，保持在年均 35% 左右，较高的年份是 2013 年和 2014
年，分别达到 48.5% 和 50.4%，近年来有所下降，稳定在 30% ～ 35%。
销售收入增长率则呈现出明显的下降的趋势，从 2008 年最高的 47.5% 逐

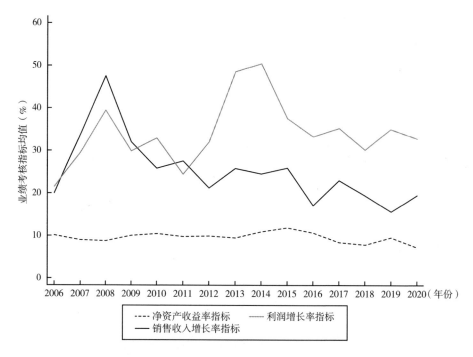

图 5 - 8　股票期权激励计划各类业绩指标趋势

资料来源：笔者基于国泰安数据库、年报手工整理数据计算而得。

年下降至 2020 年的 19.5%。这表明股票期权激励在设计上更侧重于高利
润率和利润增长率业绩，相对而言，销售收入增长业绩处于次要地位。

图 5 - 9 展示了限制性股票激励计划所要求的各类业绩考核指标的变
化趋势。图中趋势表明，净资产收益率指标在大部分年份是平稳的，除了
2014 年之外，其余年份保持在 7% ~ 11%。利润增长率指标呈现先升后降
的趋势，从 2006 年的 12% 升至 2013 年的 37.9%，随后逐渐降低至 2020
年的 26.7%，接近 14 年间的均值水平。销售收入增长率则呈现出缓慢增
长的趋势，由 2006 年的 12% 增加至 2019 年的 22.5%，平均增长率为
20.34%。可以看出，限制性股票对销售收入增长率的要求在数值上越来
越接近于对利润增长率的要求。对比股票期权的业绩要求可以看出，限制
性股票对利润增长的要求远低于股票期权，这表明限制性股票的平均行权
难度要低于股票期权。

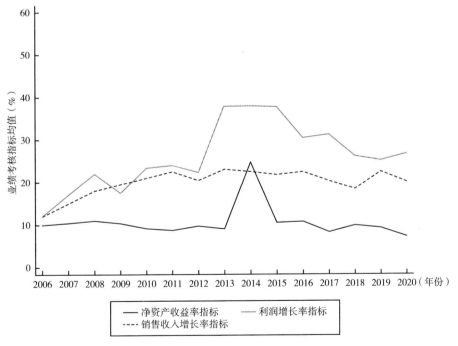

图 5 - 9　限制性股票激励计划各类业绩指标趋势（2006 ~ 2020 年）

资料来源：笔者基于国泰安数据库、年报手工整理数据计算而得。

（二）各行业股票期权和限制性股票业绩考核指标情况

接下来考察业绩指标的行业异质性特征（见表5－7）。从股票期权计划来看，大部分行业的净资产收益率业绩考核指标位于9%～11%，最高的是文化行业，为13%，最低的是采矿业，为6%。利润增长率指标的行业异质性较高，排名前三的行业及指标数分别是：租赁和商务服务业（68.62%）、水利、环境和公共设施管理业（59.29%）和文教、工美、体育和娱乐用品制造业（57.50%）。排名后三位的是：石油加工、炼焦及核燃料加工业（5%）、居民服务、修理和其他服务业（5%）和交通运输、仓储和邮政业（13.29%），呈现出较大的行业差异。销售收入增长率业绩指标排名前三的行业分别是：专用设备制造业（38%）、水利、环境和公共设施管理业（37.33%）和通用设备制造业（31.5%），排名后三名的行业是：纺织服装、服饰业（5%）、交通运输、仓储和邮政业（9.2%）和采矿业（10%）。

表5－7　　　　各行业股票期权和限制性股票业绩考核指标均值
（2006～2020年）　　　　　　　　　　　　　　　　　　　　单位:%

行业代码	股票期权			限制性股票		
	净资产收益率	利润增长率	销售增长率	净资产收益率	利润增长率	销售增长率
A	12.75	19.57	15.40	—	22.50	29.57
B	6.00	38.14	10.00	—	63.22	—
C13	7.75	37.88	15.40	7.00	23.53	31.13
C14	11.00	38.25	27.83	10.50	27.18	18.25
C15	10.00	30.00	—	15.00	36.75	29.00
C17	11.17	31.67	12.50	12.50	24.46	10.86
C18	12.00	22.82	5.00	15.00	27.82	10.00
C19	—	—	—	—	12.00	14.00
C20	—	20.00	25.00	—	21.71	32.50

续表

行业代码	股票期权			限制性股票		
	净资产收益率	利润增长率	销售增长率	净资产收益率	利润增长率	销售增长率
C21	—	30.00	—	9.00	20.67	22.08
C22	—	36.67	19.00	7.00	45.20	17.00
C23	—	—	—	9.50	31.60	—
C24	—	57.50	18.00	—	37.29	32.63
C25	9.00	5.00	—		14.00	—
C26	9.38	43.92	23.44	9.08	34.80	17.24
C27	9.46	30.59	23.27	8.83	32.33	20.08
C28	—	20.67	—	6.00	40.25	30.00
C29	12.10	48.58	22.50	11.00	28.51	26.88
C30	10.00	18.55	11.67	9.56	27.00	25.30
C31	10.50	23.75	—	11.00	14.20	8.33
C32	8.00	21.20	—	4.83	26.76	21.20
C33	7.83	51.86	10.50	5.00	55.47	18.00
C34	8.14	27.85	31.50	9.40	25.20	17.12
C35	10.80	26.82	38.00	7.60	22.93	22.86
C36	8.00	21.21	27.43	10.29	26.51	15.31
C37	9.00	51.50	16.20	7.50	24.36	15.36
C38	10.60	30.49	20.84	9.94	34.51	16.87
C39	8.60	39.22	23.55	11.07	34.27	25.62
C40	7.50	19.57	15.00	8.50	18.23	14.29
C41	9.00	26.00	—	—	15.00	22.00
C42	—	—	—	9.50	23.33	20.00
D	8.25	30.43	12.33	7.83	20.20	11.57
E	11.27	49.95	17.50	11.30	23.23	23.75

续表

行业代码	股票期权			限制性股票		
	净资产收益率	利润增长率	销售增长率	净资产收益率	利润增长率	销售增长率
F	9.45	33.37	20.38	9.38	19.55	16.68
G	8.00	13.29	9.20	7.67	27.08	8.00
H	—	—	—	—	10.00	—
I	10.03	26.57	19.86	22.89	26.98	20.87
J	10.00	56.00		9.00	18.50	
K	11.65	43.77	23.00	9.67	42.29	11.00
L	9.33	68.62	20.50	8.50	57.13	26.50
M	11.00	34.50	21.13	8.20	21.95	18.88
N	12.00	59.29	37.33	8.25	29.75	14.20
O	—	5.00		—	5.00	
P	—	—	—	—	19.00	—
Q	13.00	18.50		12.00	26.75	10.00
R	9.67	32.50	25.00	10.33	36.33	30.00
S	7.00	23.67		6.00	20.33	

注：表中对应行业依次分别为：A 农、林、牧、渔业，B 采矿业，C13 农副食品加工业，C14 食品制造业，C15 酒、饮料和精制茶制造业，C17 纺织业，C18 纺织服装、服饰业，C19 皮革、毛皮、羽毛及其制品和制鞋业，C20 木材加工及木、竹、藤、棕、草制品业，C21 家具制造业，C22 造纸及纸制品业，C23 印刷和记录媒介复制业，C24 文教、工美、体育和娱乐用品制造业，C25 石油加工、炼焦及核燃料加工业，C26 化学原料及化学制品制造业，C27 医药制造业，C28 化学纤维制造业，C29 橡胶和塑料制品业，C30 非金属矿物制品业，C31 黑色金属冶炼及压延加工业，C32 有色金属冶炼及压延加工业，C33 金属制品业，C34 通用设备制造业，C35 专用设备制造业，C36 汽车制造业，C37 铁路、船舶、航空航天和其他运输设备制造业，C38 电气机械及器材制造业，C39 计算机、通信和其他电子设备制造业，C40 仪器仪表制造业，C41 其他制造业，C42 废弃资源综合利用业，D 电力、热力、燃气及水生产和供应业，E 建筑业，F 批发和零售业，G 交通运输、仓储和邮政业，H 住宿和餐饮业，I 信息传输、软件和信息技术服务业，J 金融业，K 房地产业，L 租赁和商务服务业，M 科学研究和技术服务业，N 水利、环境和公共设施管理业，O 居民服务、修理和其他服务业，P 教育，Q 卫生和社会工作，R 文化、体育和娱乐业，S 综合。

资料来源：笔者基于国泰安数据库、年报手工整理数据计算而得。

　　进一步，我们对实施股权激励计划最集中的五个行业的业绩考核指标进行分类统计。表5-8汇报了股票期权计划的净资产收益率业绩考核指标均值。可以看出自2017年以来，只有计算机、通信和其他电子设备制造行业和医药制造行业仍然采用净资产收益率业绩考核指标。2016年之前，净资产收益率指标被普遍采用，五个行业的平均净资产收益率指标在8%～10%。表5-9给出了利润增长率指标均值，可以看出该指标被广泛使用，并且在这5个行业中表现出较大的异质性。平均而言，化学原料及化学制品制造行业的要求最高，平均超过40%。值得注意是的即使是同一行业，在不同的年份利润增长率业绩指标也呈现较大的波动性，以计算机、通信和其他电子设备制造行业为例，最高年份的利润增长目标达到115%，而最低的年份只有15.4%。销售收入增长率业绩指标在2016年之后被广泛采用，5个行业的差距不大，维持在20%左右（见表5-10）。

　　我们对限制性股票计划的业绩考核指标也做了同样的分析，结果列示于表5-11～表5-13。净资产收益率指标在2016年之后得到了广泛的使用，这一点不同于股票期权。平均而言，计算机、通信和其他电子设备制造行业的净资产收益率指标最高，近5年的平均值为11.7%。利润增长率指标自2012年之后一直被这5个行业所采用，指标数值范围在27.6%～36.1%。与股票期权计划相比，利润增长率指标在不同年份的波动范围较小。销售收入增长率指标在2013年之后被普遍采用，该指标的行业差距较小，范围在19.1%～26.5%。

表5-8 股权激励集中度前五名的行业中股票期权计划的净资产收益率业绩考核指标均值（2006～2020年）

单位：%

年份	化学原料及化学制品制造业			医药制造业			电气机械及器材制造业			计算机、通信和其他电子设备制造业			信息传输、软件和信息技术服务业		
	均值	最大	最小	均值	最大	最小	均值	最大	最小	均值	最大	最小	均值	最大	最小
2006	—	—	—	10.00	10.00	10.00	—	—	—	8.00	9.00	7.00	—	—	—
2007	—	10.00	10.00	—	—	—	—	—	—	6.00	6.00	6.00	—	—	—
2008	10.00	10.00	10.00	—	—	—	—	—	—	10.00	12.00	8.00	5.00	5.00	5.00
2009	11.50	15.00	8.00	9.00	9.00	9.00	10.00	10.00	10.00	8.00	8.00	8.00	—	—	—
2010	—	—	—	—	—	—	11.67	15.00	10.00	11.00	13.00	10.00	10.57	15.00	7.00
2011	12.00	20.00	5.00	8.00	9.00	7.00	9.00	10.00	8.00	8.55	13.00	4.00	7.63	10.00	6.00
2012	7.00	10.00	3.00	11.67	18.00	7.00	8.40	11.00	6.00	8.17	10.00	6.00	12.00	14.00	10.00
2013	7.83	12.00	5.00	9.50	10.00	9.00	7.25	8.00	6.00	8.14	10.00	5.00	9.60	12.00	7.00
2014	8.00	12.00	4.00	6.00	6.00	6.00	16.00	20.00	8.00	13.50	22.00	5.00	13.40	23.00	9.00
2015	18.00	18.00	18.00	—	—	—	20.00	20.00	20.00	—	—	—	8.00	8.00	8.00
2016	—	—	—	—	—	—	10.00	10.00	10.00	—	—	—	12.00	12.00	12.00
2017	—	—	—	8.00	8.00	8.00	—	—	—	7.50	10.00	5.00	—	—	—
2018	—	—	—	—	—	—	—	—	—	4.00	4.00	4.00	—	—	—
2019	—	—	—	—	—	—	—	—	—	10.00	10.00	10.00	—	—	—
2020	10.00	10.00	10.00	10.00	10.00	10.00	—	—	—	2.00	2.00	2.00	—	—	—

资料来源：笔者基于国泰安数据库、年报手工整理数据计算而得。

表5-9　股权激励集中度前五名的行业中股票期权计划的利润增长率业绩考核指标均值（2006~2020年）

单位：%

年份	化学原料及化学制品制造业			医药制造业			电气机械及器材制造业			计算机、通信和其他电子设备制造业			信息传输、软件和信息技术服务业		
	均值	最大	最小	均值	最大	最小	均值	最大	最小	均值	最大	最小	均值	最大	最小
2006	—	—	—	18.50	25.00	12.00	—	—	—	20.00	20.00	20.00	—	—	—
2007	—	—	12.00	—	—	—	—	—	—	20.00	20.00	20.00	—	—	—
2008	60.67	150.0	—	—	—	15.00	60.00	100.0	20.00	15.40	20.00	11.00	60.00	60.00	60.00
2009	—	—	—	22.50	30.00	15.00	18.00	18.00	18.00	115.00	115.0	115.00	17.50	20.00	15.00
2010	—	—	—	—	—	—	33.60	100.0	10.00	21.50	34.00	12.00	28.33	45.00	10.00
2011	26.83	36.00	20.00	22.00	40.00	10.00	19.83	30.00	10.00	17.10	30.00	5.00	24.59	50.00	14.00
2012	31.60	48.00	20.00	36.00	50.00	25.00	20.00	30.00	12.00	22.50	50.00	10.00	19.17	20.00	15.00
2013	70.13	229.0	10.00	22.50	35.00	10.00	68.17	207.0	12.00	57.29	300.0	5.00	30.38	46.00	10.00
2014	38.25	50.00	28.00	92.50	150.0	35.00	18.75	35.00	10.00	28.67	40.00	16.00	26.71	40.00	12.00
2015	50.00	50.00	50.00	9.00	9.00	9.00	15.00	15.00	15.00	36.25	100.0	15.00	25.38	71.00	10.00
2016	—	—	—	25.00	25.00	25.00	27.60	38.00	15.00	35.67	90.00	7.00	71.60	180.0	3.00
2017	63.33	130.0	30.00	11.50	20.00	3.00	45.00	120.0	5.00	69.10	246.0	10.00	18.83	50.00	5.00
2018	41.00	41.00	41.00	26.50	50.00	15.00	16.25	20.00	10.00	29.31	55.00	10.00	23.80	50.00	10.00
2019	28.00	60.00	10.00	100.0	100.0	100.0	17.33	50.00	9.00	27.83	98.00	10.00	28.00	48.00	10.00
2020	15.00	25.00	10.00	16.00	20.00	12.00	27.33	41.00	10.00	57.86	500.0	3.00	17.33	30.00	5.00

资料来源：笔者基于国泰安数据库、年报手工整理数据计算而得。

表5-10　股权激励集中度前五名的行业中股票期权计划的销售收入增长率业绩考核指标均值（2006～2020年）

单位：%

| 年份 | 化学原料及化学制品制造业 | | | 医药制造业 | | | 电气机械及器材制造业 | | | 计算机、通信和其他电子设备制造业 | | | 信息传输、软件和信息技术服务业 | | |
---	均值	最大	最小	均值	最大	最小	均值	最大	最小	均值	最大	最小	均值	最大	最小
2006	—	—	—	—	—	—	—	—	—	—	—	—	—	—	—
2007	—	—	—	—	—	—	—	—	—	—	—	—	—	—	—
2008	32.50	50.00	15.00	—	—	—	100.0	100.0	100.0	—	—	—	—	—	—
2009	—	—	—	—	—	—	—	—	—	—	—	—	—	—	—
2010	—	—	—	—	—	—	10.00	10.00	10.00	—	—	—	35.00	35.00	35.00
2011	31.00	41.00	21.00	12.00	12.00	12.00	22.50	30.00	15.00	15.00	20.00	12.00	32.67	35.00	30.00
2012	30.00	30.00	30.00	—	—	—	21.00	25.00	17.00	—	—	—	19.00	20.00	18.00
2013	15.00	15.00	15.00	23.00	23.00	23.00	20.00	20.00	20.00	43.75	100.00	10.00	31.67	50.00	15.00
2014	20.00	30.00	10.00	12.00	12.00	12.00	10.00	10.00	10.00	—	—	—	27.50	30.00	25.00
2015	38.50	40.00	37.00	—	—	—	—	—	—	10.00	15.00	5.00	—	—	—
2016	—	—	—	—	—	—	—	—	—	18.00	26.00	10.00	20.00	20.00	20.00
2017	23.00	23.00	—	13.00	13.00	13.00	23.33	50.00	5.00	34.50	50.00	10.00	16.00	30.00	10.00
2018	23.00	23.00	23.00	32.00	50.00	6.00	14.00	22.00	5.00	23.46	51.00	10.00	16.30	40.00	5.00
2019	13.00	15.00	10.00	18.00	18.00	18.00	10.00	10.00	10.00	18.83	30.00	10.00	15.00	40.00	10.00
2020	12.00	14.00	10.00	27.33	50.00	12.00	7.00	7.00	7.00	21.47	50.00	5.00	18.18	35.00	5.00

资料来源：笔者基于国泰安数据库、年报手工整理数据计算而得。

表5－11　股权激励集中度前五名的行业中限制性股票计划的净资产收益率业绩考核指标均值（2006～2020年）

单位：%

年份	化学原料及化学制品制造业			医药制造业			电气机械及器材制造业			计算机、通信和其他电子设备制造业			信息传输、软件和信息技术服务业		
	均值	最大	最小	均值	最大	最小	均值	最大	最小	均值	最大	最小	均值	最大	最小
2006	—	—	—	—	—	—	—	—	—	10.00	10.00	10.00	—	—	—
2007	—	—	—	—	—	—	—	—	—	—	—	—	—	—	—
2008	—	—	—	—	—	—	—	—	—	—	—	—	—	—	—
2009	—	—	—	—	—	—	—	—	—	10.67	12.00	10.00	10.00	10.00	10.00
2010	—	—	—	—	—	—	—	—	—	14.00	14.00	14.00	8.00	8.00	8.00
2011	—	—	—	—	—	—	9.50	12.00	7.00	7.33	10.00	5.00	10.33	16.00	7.00
2012	8.83	15.00	6.00	8.75	10.00	7.00	8.67	9.00	8.00	10.00	15.00	7.00	10.67	20.00	7.00
2013	8.17	12.00	5.00	11.67	12.00	11.00	8.33	10.00	7.00	9.00	18.00	5.00	9.00	13.00	6.00
2014	12.25	15.00	8.00	8.67	15.00	5.00	14.50	20.00	8.00	13.50	22.00	8.00	69.60	606.00	4.00
2015	16.50	18.00	15.00	5.00	7.00	3.00	—	—	—	14.00	20.00	9.00	14.00	14.00	14.00
2016	—	—	—	—	—	—	9.50	10.00	9.00	10.00	10.00	10.00	4.50	6.00	3.00
2017	—	—	—	—	—	—	—	—	—	10.88	20.00	4.00	8.00	8.00	8.00
2018	6.00	7.00	5.00	—	—	—	—	—	—	13.67	18.00	10.00	9.00	13.00	5.00
2019	4.00	4.00	4.00	—	—	—	10.00	10.00	10.00	—	—	—	8.33	13.00	5.00
2020	6.00	9.00	3.00	—	—	—	2.00	2.00	2.00	10.00	18.00	2.00	7.00	11.00	4.00

资料来源：笔者基于国泰安数据库、年报手工整理数据计算而得。

表5－12　股权激励集中度前五名的行业中限制性股票计划的利润增长率业绩考核指标均值（2006～2020年）　单位:%

年份	化学原料及化学制品制造业			医药制造业			电气机械及器材制造业			计算机、通信和其他电子设备制造业			信息传输、软件和信息技术服务业		
	均值	最大	最小	均值	最大	最小	均值	最大	最小	均值	最大	最小	均值	最大	最小
2006	—	—	—	—	—	—	—	—	—	—	—	—	—	—	—
2007	—	—	—	—	—	—	—	—	—	—	—	—	—	—	—
2008	—	—	—	—	—	—	—	—	—	—	—	—	—	—	—
2009	—	—	—	20.00	20.00	20.00	—	—	—	15.00	15.00	15.00	—	—	—
2010	—	—	—	—	—	—	21.00	30.00	12.00	26.00	26.00	26.00	25.00	30.00	20.00
2011	31.00	64.00	20.00	18.33	24.00	15.00	21.75	35.00	10.00	11.67	20.00	5.00	38.33	50.00	30.00
2012	51.56	229.0	10.00	21.00	25.00	18.00	19.00	30.00	10.00	16.80	30.00	10.00	20.33	25.00	15.00
2013	32.00	50.00	20.00	34.50	72.00	11.00	57.33	207.0	10.00	59.07	300.00	10.00	32.36	80.00	20.00
2014	29.63	45.00	10.00	40.55	150.0	8.00	67.62	400.0	6.00	24.09	40.00	8.00	27.87	80.00	15.00
2015	50.00	100.0	20.00	65.89	320.0	10.00	63.58	415.0	10.00	29.92	100.00	10.00	26.44	85.00	5.00
2016	39.92	260.0	5.00	37.62	100.0	10.00	36.60	96.00	10.00	26.73	160.00	4.00	23.42	130.00	11.00
2017	32.13	119.0	5.00	19.77	50.00	9.00	22.76	100.0	2.00	46.73	280.00	9.00	30.50	350.00	5.00
2018	24.00	60.00	2.00	25.50	60.00	10.00	24.24	100.0	2.00	30.64	150.00	10.00	30.43	129.00	5.00
2019	35.00	130.0	5.00	19.00	32.00	5.00	23.00	50.00	10.00	21.44	41.00	10.00	24.84	87.00	10.00
2020				29.38	80.00	12.00	17.55	57.00	5.00	37.40	500.00	3.00	24.03	70.00	5.00

资料来源：笔者基于国泰安数据库、年报手工整理数据计算而得。

表5-13　股权激励集中度前五名的行业中限制性股票计划的销售收入增长率业绩考核指标均值（2006~2020年）

单位:%

年份	化学原料及化学制品制造业			医药制造业			电气机械及器材制造业			计算机、通信和其他电子设备制造业			信息传输、软件和信息技术服务业		
	均值	最大	最小	均值	最大	最小	均值	最大	最小	均值	最大	最小	均值	最大	最小
2006	—	—	—	—	—	—	—	—	—	—	—	—	—	—	—
2007	—	—	—	—	—	—	—	—	—	—	—	—	—	—	—
2008	—	—	—	—	—	—	—	—	—	—	—	—	—	—	—
2009	—	—	—	—	—	—	—	—	—	—	—	—	—	—	—
2010	—	—	—	—	—	—	—	—	—	—	—	—	—	—	—
2011	—	—	—	—	—	—	25.00	25.00	25.00	20.00	20.00	20.00	—	—	—
2012	—	—	—	—	—	—	20.00	25.00	15.00	22.50	30.00	15.00	—	—	—
2013	16.75	25.00	10.00	16.00	22.00	10.00	22.50	25.00	20.00	35.78	100.00	12.00	21.67	30.00	15.00
2014	20.00	20.00	20.00	27.60	50.00	10.00	22.14	50.00	10.00	35.75	40.00	28.00	25.25	50.00	15.00
2015	38.50	40.00	37.00	14.00	18.00	10.00	20.00	30.00	10.00	26.67	30.00	20.00	17.00	20.00	14.00
2016	15.00	15.00	15.00	10.00	10.00	10.00	24.00	60.00	10.00	27.27	50.00	15.00	30.83	110.00	10.00
2017	16.25	20.00	10.00	14.20	20.00	9.00	14.57	50.00	2.00	20.21	50.00	10.00	16.43	30.00	5.00
2018	16.33	31.00	5.00	26.83	60.00	6.00	12.15	20.00	5.00	27.80	130.00	10.00	14.75	40.00	5.00
2019	18.67	25.00	10.00	22.33	30.00	11.00	17.78	30.00	7.00	26.56	110.00	5.00	26.45	100.00	5.00
2020	11.00	25.00	3.00	17.38	35.00	5.00	13.67	35.00	3.00	22.78	82.00	5.00	20.96	50.00	5.00

资料来源：笔者基于国泰安数据库、年报手工整理数据计算而得。

第四节　股权激励公告日市场反应的特征事实

为了研究股票市场投资者对股权激励草案信息含量的评价。我们可以将注意力集中在投资者对股权激励公告的反应上。这反映在公告日期前后一段时间内股票的交易量、价格趋势以及波动特征上。具体而言，股权激励事件的基本信息含量可以从异常收益率、换手率和收益率方差的变化率三个角度进行分析。这三个指标的数值越大表明市场反应越激烈，事件自身的信息含量越高。

一、股权激励计划公告日的异常收益率特征

（一）异常收益率特征

图 5 - 10 展示了股权激励计划草案公布前后 10 天内异常收益率的变动趋势。笔者按股权激励标的物分类统计了股票期权、限制性股票以及二者的混合模式的异常收益率变动趋势。总体上看，在激励计划草案公布当天，异常收益率出现了明显的增加，达到 1.15%，而草案公布前一天异常收益率只有 0.35%，草案公布后一天迅速降至 0.2%。进一步观察草案公布前 10 天的异常收益率只有 -0.017%，随后小幅波动，草案公布前 3 天异常收益率只有 0.023%。另外，草案公布前，异常收益率在低水平上波动反映了股权激励计划没有提前泄露。早在 2006 年 12 月证监会就颁布了《上市公司信息披露管理办法》，将股权激励列为"重大事件"，相关信息属于证券市场内幕信息，规定"在内幕信息依法披露前，任何知情人不得公开或者泄露该信息，不得利用该信息进行内幕交易"，并对泄露内幕信息的机构和个人或者利用内幕信息买卖证券及其衍生品种的行为制定了相关处罚措施。图 5 - 10 的结果表明这一规定在股权激励计划上得到了较好

的遵守。进一步看各类不同的激励标的物，股票期权和混合模式的在公告
日的市场反应最高，异常收益率分别达到1.93%和1.88%，限制性股票
最低只有0.69%。总体上看，各类标的物在事件日附近的异常收益率趋势
是一致的，相对而言混合模式的波动性较大。

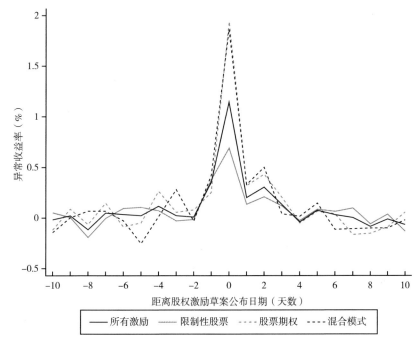

图5－10　激励计划草案公布前后异常收益率的变动趋势

资料来源：笔者基于国泰安数据库、年报手工整理数据计算而得。

笔者还探讨了股权激励计划在不同的市场板块的反应特征，结果如图
5－11所示。事件日当天，深市主板的异常收益率最高，达到1.79%，科
创板次之，为1.54%，以后依次为中小板（1.25%）、创业板（1.04%），
平均而言，沪市主板最低，为1.01%。同时也可以看到，深市主板和科创
板收益率的波动性相对较大。

（二）累积异常收益率特征

为了全面反映股权激励计划的市场反应程度，我们分别按照公告日前

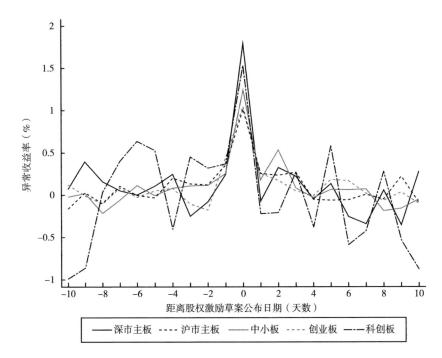

图5-11　激励计划草案公布前后异常收益率在各板块的变动趋势

资料来源：笔者基于国泰安数据库、年报手工整理数据计算而得。

后1天、5天和10天构建了10个事件窗口，分别是 [0，0]、[-1，0]、[0，1]、[-1，1]、[-5，-1]、[0，5]、[-5，5]、[-10，-1]、[0，10] 和 [-10，10]，可以更细致地刻画股权激励信息含量的时序特征。在具体分析时，我们按照全样本、股票期权、限制性股票及两者混合模式进行分类统计，结果见表5-14～表5-17。

表5-14　激励计划草案公布前后累积异常收益率时序特征（全样本）

事件窗口	观测值	CAR < 0 观测值	CAR	t 值
[0，0]	1764	705	0.012 ***	13.845
[-1，0]	1508	649	0.012 ***	11.291
[0，1]	1764	750	0.013 ***	11.997
[-1，1]	1764	735	0.015 ***	12.586
[-5，-1]	1508	764	0.003 **	2.515

续表

事件窗口	观测值	CAR<0 观测值	CAR	t 值
[0, 5]	1764	786	0.015***	10.202
[-5, 5]	1764	741	0.018***	10.915
[-10, -1]	1508	763	0.002	1.317
[0, 10]	1764	799	0.013***	7.274
[-10, 10]	1764	781	0.017***	7.154

注：***、**、*分别表示在1%、5%和10%水平上显著。

表 5-15　激励计划草案公布前后累积异常收益率时序特征（股票期权）

事件窗口	观测值	CAR<0 观测值	CAR	t 值
[0, 0]	474	141	0.019***	12.115
[-1, 0]	360	136	0.016***	7.283
[0, 1]	474	150	0.022***	10.555
[-1, 1]	474	161	0.023***	9.444
[-5, -1]	360	182	0.002	0.75
[0, 5]	474	175	0.023***	9.159
[-5, 5]	474	173	0.027***	8.643
[-10, -1]	360	182	0.001	0.404
[0, 10]	474	188	0.019***	5.861
[-10, 10]	474	188	0.023***	5.374

注：***、**、*分别表示在1%、5%和10%水平上显著。

表 5-16　激励计划草案公布前后累积异常收益率时序特征（限制性股票）

事件窗口	观测值	CAR<0 观测值	CAR	t 值
[0, 0]	1078	489	0.007***	6.661
[-1, 0]	962	443	0.009***	7.05
[0, 1]	1078	514	0.008***	5.807
[-1, 1]	1078	497	0.011***	7.064
[-5, -1]	962	493	0.004***	2.644
[0, 5]	1078	523	0.010***	5.271
[-5, 5]	1078	487	0.014***	6.298

续表

事件窗口	观测值	CAR < 0 观测值	CAR	t 值
[-10, -1]	962	490	0.003	1.288
[0, 10]	1078	511	0.010 ***	4.196
[-10, 10]	1078	503	0.013 ***	4.328

注：*** 、** 、* 分别表示在1%、5%和10%水平上显著。

表5-17　　　激励计划草案公布前后累积异常收益率时序特征（混合模式）

事件窗口	观测值	CAR < 0 观测值	CAR	t 值
[0, 0]	177	65	0.019 ***	7.698
[-1, 0]	204	81	0.018 ***	5.911
[0, 1]	204	72	0.021 ***	6.514
[-1, 1]	177	84	0.024 ***	6.565
[-5, -1]	204	82	0	0.013
[0, 5]	204	76	0.023 ***	4.948
[-5, 5]	177	87	0.026 ***	5.081
[-10, -1]	204	94	0	0.085
[0, 10]	204	85	0.019 ***	3.319
[-10, 10]	177	87	0.022 ***	3.15

注：*** 、** 、* 分别表示在1%、5%和10%水平上显著。

从全样本看，时间日前10天的累积异常收益率仅为0.2%，5天前为0.3%，事件日当天的异常收益率跃升至1.2%，随后5天内的累积异常收益率为1.5%，20天后稳定在1.7%，表明短期内激励计划向市场传递的信息基本上被市场吸收。股票期权也表现出类似的特征，事件日前10天内，累积异常收益率始终没有超过0.2%，事件日当天高达1.9%，第2天达到2.2%，接下来的10天内略有下降，稳定在1.9%。限制性股票在累积异常收益率时序特征上类似于股票期权，但收益率数值相对较小（见表5-16）。股票期权与限制性股票混合模式的时序特征无论在趋势上还是在数量上都与股票期权接近。

本书还根据交易板块做了类似的统计，结果列示于表5－18至表5－22。这些板块均展现出类似的时序特征，在草案公布日前10天内，累积异常收益率显著低于事件日当天，随后10天内略微缓慢增加至一个稳定水平。由于科创板样本量较少，故统计结果不显著。

表5－18　　激励计划草案公布前后累积异常收益率时序特征（深市主板）

事件窗口	观测值	CAR < 0 观测值	CAR	t 值
[0，0]	111	30	0.018 ***	5.529
[-1，0]	99	38	0.013 ***	3.697
[0，1]	111	35	0.017 ***	4.192
[-1，1]	111	40	0.020 ***	4.444
[-5，-1]	99	53	0.001	0.282
[0，5]	111	42	0.019 ***	3.075
[-5，5]	111	42	0.026 ***	3.533
[-10，-1]	99	51	0.006	0.861
[0，10]	111	53	0.013 *	1.778
[-10，10]	111	42	0.027 ***	3.167

注：*** 、 ** 、 * 分别表示在1%、5%和10%水平上显著。

表5－19　　激励计划草案公布前后累积异常收益率时序特征（沪市主板）

事件窗口	观测值	CAR < 0 观测值	CAR	t 值
[0，0]	440	195	0.010 ***	6.062
[-1，0]	435	186	0.010 ***	5.477
[0，1]	440	188	0.012 ***	5.65
[-1，1]	440	187	0.014 ***	6.066
[-5，-1]	435	206	0.005 ***	2.646
[0，5]	440	197	0.013 ***	4.917
[-5，5]	440	181	0.017 ***	5.321
[-10，-1]	435	214	0.005	1.642
[0，10]	440	209	0.012 ***	3.338
[-10，10]	440	197	0.014 ***	3.136

注：*** 、 ** 、 * 分别表示在1%、5%和10%水平上显著。

表5-20　　激励计划草案公布前后累积异常收益率时序特征（中小板）

事件窗口	观测值	CAR<0 观测值	CAR	t 值
[0, 0]	549	209	0.012***	8.701
[-1, 0]	397	175	0.010***	5.099
[0, 1]	549	232	0.014***	7.208
[-1, 1]	549	224	0.015***	6.972
[-5, -1]	397	196	0.004	1.563
[0, 5]	549	236	0.017***	6.642
[-5, 5]	549	216	0.021***	6.945
[-10, -1]	397	209	0.001	0.239
[0, 10]	549	239	0.015***	4.947
[-10, 10]	549	230	0.019***	4.795

注：***、**、*分别表示在1%、5%和10%水平上显著。

表5-21　　激励计划草案公布前后累积异常收益率时序特征（创业板）

事件窗口	观测值	CAR<0 观测值	CAR	t 值
[0, 0]	635	262	0.010***	7.478
[-1, 0]	541	238	0.013***	7.582
[0, 1]	635	280	0.012***	6.92
[-1, 1]	635	273	0.015***	7.495
[-5, -1]	541	293	0	0.178
[0, 5]	635	298	0.013***	5.487
[-5, 5]	635	290	0.016***	5.575
[-10, -1]	541	273	0	0.051
[0, 10]	635	285	0.013***	4.304
[-10, 10]	635	297	0.015***	3.753

注：***、**、*分别表示在1%、5%和10%水平上显著。

表5-22　　激励计划草案公布前后累积异常收益率时序特征（科创板）

事件窗口	观测值	CAR<0 观测值	CAR	t 值
[0, 0]	29	9	0.015	1.482
[-1, 0]	36	12	0.016*	1.756

续表

事件窗口	观测值	CAR<0 观测值	CAR	t 值
[0, 1]	29	15	0.014	0.839
[-1, 1]	29	11	0.019	1.202
[-5, -1]	36	16	0.01	1.053
[0, 5]	29	13	0.012	0.623
[-5, 5]	29	12	0.023	1.283
[-10, -1]	36	16	0.007	0.397
[0, 10]	29	13	-0.003	-0.123
[-10, 10]	29	15	0.003	0.103

注：***、**、*分别表示在1%、5%和10%水平上显著。

（三）业绩考核指标与异常收益率特征

接下来本书基于各类业绩考核指标的要求，分别统计激励计划在事件日前后10天内的异常收益率变化情况。在表5－23中，我们将业绩考核指标分为7个类别对激励计划进行划分，分别是：（1）净资产收益率指标；（2）利润增长率指标；（3）销售增长率指标；（4）净资产收益率与利润增长率指标；（5）净资产收益率与销售增长率指标；（6）利润增长率与销售增长率指标；（7）净资产收益率、利润增长率与销售增长率指标（三种指标）。总体来看，在事件日当天，各类激励计划的异常收益率高于其他日期。从数量上看，三种目标都提及的激励计划的收益率最高，达到1.80%，其次是提出净资产收益率与利润增长率指标的激励计划，只有单一销售增长率指标的激励计划的收益率为0.99%，在各类激励计划中最低。

表5－23　按业绩考核指标分类统计的事件日附近累积异常收益率时序特征　　单位:%

相对交易日期	净资产收益率	利润增长率	销售增长率	净资产收益率与利润增长率	净资产收益率与销售增长率	利润增长率与销售增长率	三种指标
-10	-1.04	-0.04	0.09	0.13	0.27	-0.05	-0.37
-9	-0.05	0.00	0.10	-0.03	0.44	-0.11	-0.04

续表

相对交易日期	净资产收益率	利润增长率	销售增长率	净资产收益率与利润增长率	净资产收益率与销售增长率	利润增长率与销售增长率	三种指标
− 8	0.64	− 0.28	− 0.02	0.11	− 0.15	0.02	0.07
− 7	0.56	− 0.12	− 0.11	0.27	− 0.13	0.26	− 0.18
− 6	− 0.71	− 0.14	0.45	− 0.04	− 0.05	0.18	− 0.50
− 5	1.31	0.01	− 0.21	0.06	0.34	0.03	0.47
− 4	0.34	0.18	− 0.02	0.40	0.00	− 0.21	− 0.72
− 3	0.74	− 0.16	− 0.03	0.93	0.03	− 0.52
− 2	0.86	− 0.06	− 0.35	0.23	− 0.13	0.14	0.67
− 1	1.84	0.21	0.23	0.39	0.26	0.41	0.79
0	1.34	1.10	0.99	1.73	1.30	1.12	1.80
1	− 0.07	0.20	0.17	0.43	0.14	0.12	− 0.07
2	0.37	0.33	0.62	0.45	0.66	0.00	1.38
3	0.92	0.00	0.23	0.08	0.08	0.22	1.32
4	− 0.64	0.12	− 0.25	− 0.13	− 0.11	0.02	0.29
5	− 0.16	0.18	0.26	− 0.10	0.13	− 0.01	1.35
6	− 0.81	0.10	0.05	− 0.14	0.14	− 0.14	− 0.28
7	0.24	0.02	0.19	0.07	− 0.20	− 0.15	− 0.35
8	0.13	− 0.08	0.07	− 0.25	0.13	0.06	0.15
9	− 0.59	0.05	− 0.03	− 0.26	− 0.38	− 0.04	1.34
10	0.58	− 0.11	− 0.26	0.30	− 0.54	− 0.27	0.06

资料来源：笔者基于国泰安数据库、年报手工整理数据计算而得。

二、股权激励计划公告日的收益率的方差变化率特征

笔者使用收益率的方差变化率，作为异常收益率指标的补充，进一步刻画股权激励计划的信息含量特征。如果事件公司的激励计划公告具有信息内容，那么会导致投资者预期的变化，进而引起决策行为的变化。在市场上表现为股价在方向和幅度上的变化。因而我们推测在公告

日附近，收益率的波动性比其他时间更高。收益率的方差变化率的定义与测量计算方法参见第四章第二节。其本质上与异常收益率一样，属于市场模型方法。

图5-12展示了收益率方差的变化率在股权激励草案公告日附近的时序特征，同时也根据激励标的物类型做了分类统计描述。可以发现，在股权激励草案公告日，股票价格具有显著的效应。具体而言，收益率发生了剧烈的波动，收益率的方差变化率高达2.97，随后1天，降至1.5，到第三天恢复到事件日之前的水平。从标的物上看，股票期权的市场反应最强，限制性股票的市场反应最小。图5-13给出了各交易板块的收益率的方差变化率的情况，方差变化率排名前两位的板块分别是深市主板和科创板，方差变化率最小的是创业板。

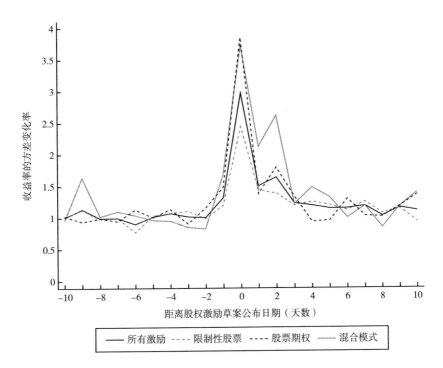

图5-12　激励计划草案公布前后收益率的方差变化率的变动趋势

资料来源：笔者基于国泰安数据库、年报手工整理数据计算而得。

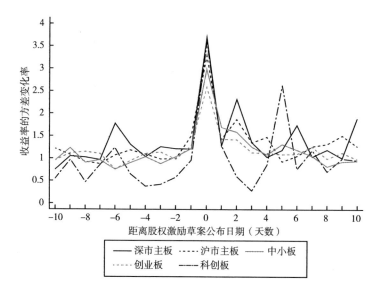

图 5 – 13　激励计划草案公布前后收益率的方差变化率在各板块的变动趋势

资料来源：笔者基于国泰安数据库、年报手工整理数据计算而得。

　　按照业绩考核指标的要求，本书分类统计了不同类别的激励计划的收益率的方差变化率在事件日前后 10 天内的时序特征（见表 5 – 24）。激励计划的分类方式同表 5 – 23。结果表明对净资产收益率与利润增长率有要求的激励计划收益率的方差变化率最高，达到 4.08，仅对净资产收益率提出要求的激励计划次之，变化率为 4.07，同时提及三项指标的激励计划的变化率最低为 1.46。

表 5 – 24　按业绩考核指标分类统计的事件日附近收益率的方差变化率时序特征

相对交易日期	净资产收益率	利润增长率	销售增长率	净资产收益率与利润增长率	净资产收益率与销售增长率	利润增长率与销售增长率	三种指标
– 10	2.01	1.03	0.91	1.08	0.73	1.11	0.50
– 9	38.45	34.05	38.90	26.02	10.36	28.67	27.09
– 8	1.68	1.07	0.86	1.03	1.06	0.81	0.67
– 7	1.02	0.90	0.75	1.17	1.45	0.97	1.87
– 6	1.06	0.80	0.94	0.90	1.37	0.97	0.53

续表

相对交易日期	净资产收益率	利润增长率	销售增长率	净资产收益率与利润增长率	净资产收益率与销售增长率	利润增长率与销售增长率	三种指标
-5	1.71	1.02	0.86	1.36	1.26	0.70	1.99
-4	1.31	1.05	0.62	1.77	0.51	0.77	0.41
-3	0.96	1.18	0.78	0.87	1.84	1.01	0.80
-2	3.59	1.18	0.74	0.88	0.95	0.88	1.88
-1	3.59	1.15	1.42	1.12	1.11	1.72	2.01
0	4.07	2.75	2.53	4.08	2.28	2.77	1.46
1	0.92	1.40	0.95	2.32	0.86	1.23	1.52
2	2.46	1.44	1.56	2.47	0.88	1.55	1.72
3	1.17	1.47	1.11	1.10	0.56	1.06	1.16
4	1.52	1.47	1.04	1.20	0.60	0.68	0.66
5	1.75	1.38	1.25	0.79	0.70	0.96	1.87
6	0.83	1.22	1.24	1.30	0.75	0.81	0.54
7	1.68	1.21	1.31	1.08	1.01	1.10	0.63
8	1.75	1.02	0.94	1.04	0.79	1.02	1.47
9	0.60	1.05	1.32	1.05	0.60	1.14	2.58
10	0.90	0.96	0.83	1.73	0.58	0.94	0.60

资料来源：笔者基于国泰安数据库、年报手工整理数据计算而得。

三、股权激励计划公告日的换手率特征

本书借鉴比弗（Beaver，1968）的研究计算了换手率，作为异常收益率的辅助变量，从非市场价格特征方面对股权激励计划的信息含量特征进行描述。前面使用的异常收益率法以及收益率的方差变化率指标需要假设一个市场预期模型，来说明投资者如何将股权激励草案报告与市场价格联系起来的。本节所采取的方法并不需要对投资者预期模型进行假设，而只需关注投资者是否会对公告做出交易数量上的反应。我们使用换手率作为交易量的衡量指标，具体计算方法在第四章第二节已经做了详细介绍。

从事件信号传递的角度看，只有当事件公司的激励计划草案导致投资者在其投资组合中对该公司股票的最优持有比例进行调整时，它才具有信息价值。最佳的调整可能是买入更多股票，或出售部分或全部已持有的股票，即投资组合头寸的变化，这将最终反映在成交量中。成交量的变化反映了市场对新出现的股权激励信息缺乏共识。由于投资者之间对公告的解读不同，因而在达成共识之前需要一段时间，在此期间成交量会增加。如果公司的股权激励公告富含信息内容，那么在公告日期附近，该公司股票的交易数量将比其他时段要多。

使用成交量指标的另一个好处是，在投资者的风险偏好不同的情况下，即使在股票价格达到均衡之后，市场上仍可能出现成交量的变化。因为价格变动反映的是市场整体预期的变化，而成交量的变化反映的则是个人投资者预期的变化。一条信息可能不会改变整个市场的预期，但可能改变个人的预期。在这种情况下，股价不会有反应，但投资组合头寸仍会发生变化，最终反映在成交量上。因而运用市场模型指标的结果可能没有使用交易量指标那么敏感。

图5-14描绘了股权激励草案公布日前后一段时间内的换手率变动趋势。结果表明，在公告日，交易量有了相当显著的增长。具体而言，公告日当天的平均交易量比前一个交易日的平均交易量高出33.1%，高达44.37的换手率是在20日内观察到的最大值。这表明投资者在股权激励计划公布时，确实会改变投资组合头寸。这种改变与公告中包含信息内容的论点是一致的。投资者在公告日附近的行为进一步支持了这一观点。在该信息公布的前10天，换手率在31.35~35.47徘徊。公告发布后的第5天，成交量恢复到了公告日之前的水平。这表明投资者的反应非常迅速。这一发现与前文使用异常收益率和方差变化率所得到的结论一致，即投资者对新信息反应迅速，信息不仅反映在价格变化中，也在交易数量上得到了体现。基于标的物的分类统计也展现出与总体情况类似的特征。其中，公告日当天，股票期权的交易量相对最高，股票期权相对最低。

本书还针对不同的板块做了类似的分析（见图5-15），发现事件日当天科创板的交易量最高并且在事件日前后波动幅度最大，创业板次之，同时波动范围较小，深市主板无论从交易量还是波动程度上看均处于最低水平。

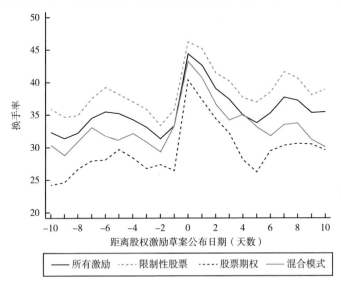

图 5 - 14　激励计划草案公布前后换手率的变动趋势

资料来源：笔者基于国泰安数据库、年报手工整理数据计算而得。

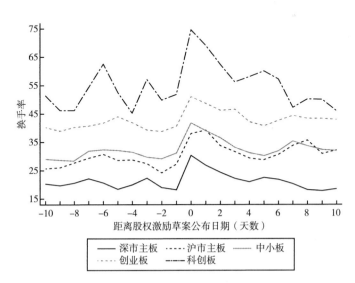

图 5 - 15　激励计划草案公布前后换手率在各板块的变动趋势

资料来源：笔者基于国泰安数据库、年报手工整理数据计算而得。

本书还从业绩考核指标角度，分类统计了不同类别的激励计划的换手率在事件日前后 10 天内的时序特征（见表 5 - 25）。激励计划的分类方式同表 5 - 23。结果显示，同时提及利润增长率和销售增长率的激励计划在事件日当天的交易量最高，换手率达到 53.28，其次是规定了利润增长率的计划，而要求净资产收益率与销售增长率的激励计划的换手率最低，只有 16.59。

表 5 - 25　　按业绩考核指标分类统计的事件日附近换手率时序特征

相对交易日期	净资产收益率	利润增长率	销售增长率	净资产收益率与利润增长率	净资产收益率与销售增长率	利润增长率与销售增长率	三种指标
- 10	44.09	35.89	34.63	25.59	8.36	33.97	27.35
- 9	38.45	34.05	38.90	26.02	10.36	28.67	27.09
- 8	37.40	35.95	35.16	25.46	10.20	33.55	28.24
- 7	43.37	38.50	38.84	26.87	11.20	35.87	24.72
- 6	38.10	40.85	42.76	23.65	10.21	37.54	29.48
- 5	23.31	40.15	40.92	25.25	11.97	37.03	27.10
- 4	21.00	38.94	35.77	28.06	8.09	36.41	26.03
- 3	29.95	37.23	36.02	27.34	12.05	33.16	26.86
- 2	40.94	33.16	34.79	26.87	10.49	32.17	22.55
- 1	34.42	36.40	34.77	25.00	9.57	35.89	19.04
0	45.39	48.58	42.31	37.24	16.59	53.28	44.01
1	31.46	47.95	43.80	33.68	12.53	45.97	36.13
2	30.23	44.06	41.73	31.12	12.28	40.95	29.09
3	41.22	42.72	41.63	29.08	13.15	38.51	25.87
4	31.56	40.02	36.34	28.97	9.50	35.89	24.69
5	28.63	39.47	36.99	25.82	9.82	31.12	39.76
6	27.61	41.09	39.61	25.16	11.13	35.33	31.36
7	34.92	43.89	41.23	27.42	12.98	39.07	27.14
8	46.02	44.19	40.99	25.13	12.14	36.25	43.94
9	21.48	41.01	40.80	24.68	10.26	36.73	26.21
10	18.86	40.77	35.88	26.45	8.73	42.66	32.15

资料来源：笔者基于国泰安数据库、年报手工整理数据计算而得。

第六章

股权激励信号传递效应

本章对各种股权激励信号在资本市场上的传递效应展开实证检验，分别探讨了股权激励标的物的选择、业绩考核目标在程度上的差异以及行权价格/授予价格的不同所导致的不同的市场反应。在实证检验之前，我们着重分析了各类信号传递效应背后的形成逻辑。

第一节　激励标的物的信号传递效应

一、股票期权与限制性股票对经理人风险承担行为影响上的差异

瓜伊（Guay，1999）指出，授予管理者以股权为基础的薪酬是为了克服管理者的风险厌恶情绪，并引导经理人承担最优的风险。洛（Low，2009）的研究表明，基于股权的薪酬会影响管理层的风险承担行为，进而对公司价值产生影响。

目前我国股权激励的标的物以股票期权、限制性股票及二者兼有的方式为主。这两种工具不仅在会计和税务处理等方面存在差异，更重要的是，二者在影响经理人风险承担行为方面存在差异（Bryan et al，2000）。

具体而言，限制性股票和股票期权存在两个方面的重要差异，一是收益函数有差异，二是相关的风险承担诱因不同。股票期权的收益函数是股票价格的凸函数。限制性股票由于执行价格为零，导致其收益函数是线性的。由此造成了股票期权、限制性股票对经理人风险承担行为影响上的差异。对于风险厌恶型的经理人，持有限制性股票会让其因承担风险投资项目带来潜在财富损失，从而降低了经理人的预期效用。除非风险增加能产生足够的溢价，否则经理人会放弃高风险的增值项目，导致投资不足问题。霍尔和墨菲（Hall and Murphy, 2002）发现，当规避风险的经理无法分散其薪酬方案的非系统性风险时，从基于期权的契约转换为基于股票的契约可以让股东在不影响契约成本或经理预期效用的情况下，将薪酬与绩效的敏感度提高50%。因而，与股票期权相比，限制性股票代表了一种成本更低的机制，可以激励规避风险的经理提高公司价值。然而，这却无法解释为什么股票期权比限制性股票更广泛地被作为激励经理人的主要工具。对此，多多诺娃和霍罗斯希洛夫（Dodonova and Khoroshilov, 2006）提供了一个理论上的解释，证明了对于风险厌恶的经理人设计最优激励契约时，应当包含相当一部分比例的股票期权，并且在现金流波动性较高的公司以及企业异质性较高的行业中使用股票期权。

综上可知，应该从股权激励所采用的标的物角度，来探讨股权激励向资本市场传递了哪些信息，及其对股东财富的影响程度。

接下来实证分析的基本思路是，首先用OLS法对激励标的物的信号传递效应进行估计，作为基准结果。这有利于我们对市场针对股权激励标的物的反应有一个基本的判断。这里使用OLS估计可能存在遗漏变量的问题，导致估计结果的偏误。例如，市场反应幅度大不一定是标的物选择的结果，还可能是风险因素导致的，同时这些风险因素也决定了激励标的物的选择。由于我们无法直接观测并控制风险因素，因此遗漏的风险因素就会被错误地反映在OLS估计结果中，进而导致信息传递效应的高估。为了解决这一难题，我们接着使用倾向得分匹配法消除风险遗漏变量的偏误，使股权激励标的物的信息传递效应估计结果更具有一致性。

二、基准回归结果

我们根据股权激励标的物设置哑变量"是否股票期权"。如果公告中的标的物是股票期权，哑变量取值1；如果是限制性股票，哑变量取值0。由于同时采用两种标的物的样本量较少，我们剔除了这部分样本。基础回归结果报告如表6-1所示。为了更准确地区分信号传递的时间范围，我们将作为被解释变量的累积异常收益率分别按照四个时间段进行设置，分别是，公告日当天CAR[0]、公告日前后3天CAR[-3，3]、公告日前后5天CAR[-5，5]和公告日前后10天CAR[-10，10]。所有的回归都控制了行业和年份固定效应，这种方法允许我们控制固定的不可观察的行业特征，并消除与年份相关的趋势因素。

表6-1　　　　股权激励标的物信号传递效应 OLS 回归结果

解释变量	累积异常收益率			
	(1) CAR[0]	(2) CAR[-3，3]	(3) CAR[-5，5]	(4) CAR[-10，10]
是否股票期权	0.012 ***	0.011 ***	0.013 ***	0.013 **
	(0.002)	(0.004)	(0.004)	(0.006)
年份	Yes	Yes	Yes	Yes
行业	Yes	Yes	Yes	Yes
校正 R^2	0.038	0.023	0.023	0.015
样本量	1547	1547	1547	1547

注：***、**、* 分别表示在1%、5%和10%水平上显著；括号中的数字为经过 White 异方差修正标准误；所有模型均未报告常数项。

在表6-1的列（1）中，我们检验了激励标的物对公告日当天异常收益率CAR[0] 的影响。哑变量估计系数为正且在1%的水平上显著。这表明平均而言，股票期权比限制性股票引起了更强的市场反应，向市场传递了更强烈的信号。系数估计的幅度表明，股票期权引起的市场反应，即异常收益率平均水平比限制性股票的要高出1.2%。这一结果直接证实了我们之前的解释，即与限制性股票相比，股票期权更能激励经理人的风险承担行为。

列（2）使用公告日前后 3 天的累积异常收益率 CAR[−3, 3] 作为因变量。与 CAR[0] 的结果相比，在公告发布前后 3 天内，累积异常收益率有所下降，系数在 1% 的水平上显著。系数估计表明，与公告日当天的信号传递效应相比，公告前后 3 天的信号传递效应平均水平下降了约 0.1%。这一下降部分归因于，公告前的异常收益率为负值，抵消了一部分事件日当天的异常收益。接着我们把观测窗口放宽，在表 6−1 的列（3）和列（4）中提供了前后 5 天和前后 10 天的结果。可以看出，随着时间的累积，累积异常收益率又有所增加，在前后 5 天内达到 1.3%，随后一直保持在该水平。这表明我们的结果是稳健的，市场投资者对股权激励的标的物存在不同的预期，股票期权传递出了更为积极的信号。

三、标的物选择的内生性问题与倾向得分匹配结果

上述基准回归结果可能受到内生性问题的困扰。这里可能存在的内生性问题主要表现为，公司自身的风险以及外部的金融、投资政策影响公司对股权激励标的物的选择，并且很难直接计量。同时，风险因素也影响市场投资者的预期和投资行为，进而体现在市场反应上。因而，对基准回归结果的解释需谨慎。

本书采用倾向得分匹配法应对不可观测的风险问题，缓解潜在的内生性问题导致的估计偏误。具体来说，首先使用 Logit 模型估计公司在选择标的物上的决定因素，估计出相应的倾向得分。然后根据倾向得分匹配样本，使处理组与对照组的基本特征实现平衡，最大限度地消除误差项中不可观测的风险因素。

（一）Logit 模型及倾向得分

Logit 模型中被解释变量采用二值变量，公司选择股票期权作为标的

物时取值1，选择限制性股票时取值0。协变量包括公司财务变量、公司治理与股东变量。财务变量选取股权激励草案公告前一年的公司规模和资产负债率，用账面市值比来衡量市场对公司的评价。公司治理层面选取了草案公告前一年的总经理持股比例、董事长持股比例，用第一大股东持股比例衡量股权集中度。回归结果报告为表6－2中的列（1）。可以看到公司规模大、资产负债率高的公司更倾向于选择股票期权的方式进行激励。总经理持股比例、董事长持股比例的高低对于激励标的物的选择没有显著差异，这说明激励方式没有受到管理层的人为干预。同样，股权集中程度对标的物的选择也没有表现出显著影响。

表6－2   股权激励标的物选择估计模型

解释变量	（1）	（2）
账面市值比	0.225	－ 0.146
	(0.292)	(0.344)
总经理持股比例	0.005	－ 0.007
	(0.006)	(0.006)
董事长持股比例	0.002	0.002
	(0.005)	(0.006)
第一大股东持股比例	0.007	0.001
	(0.004)	(0.005)
企业规模	0.106 *	0.038
	(0.063)	(0.071)
资产负债率	0.891 **	－ 0.079
	(0.368)	(0.414)
常数项	－ 3.917 ***	－ 0.686
	(1.295)	(1.442)
伪 R^2	0.0169	0.0023
卡方值	29.35	2.77
观测值	1413	858

注：***、**、*分别表示在1%、5%和10%水平上显著；括号中的数字为标准误。

（二）基于倾向得分值的协变量平衡检验

基于 Logit 模型预测出倾向得分值，从实施限制性股票的公司里选择与实施股票期权的公司倾向得分值最接近的进行匹配，达到两类公司除了激励标的物不同之外，其他特征均相似（见图 6-1）。这里实施股票期权的公司为处理组，在倾向得分方面与之接近的实施限制性股票的公司为对照组。图 6-1 展示了匹配前后处理组与对照组的倾向得分的核密度分布。能够看出匹配后，两组的倾向得分在分布上高度相似。这种处理方式使系统性偏误减少到最低，因而我们可以直接比较股票期权和限制性股票在资本市场上引起的反应差异。

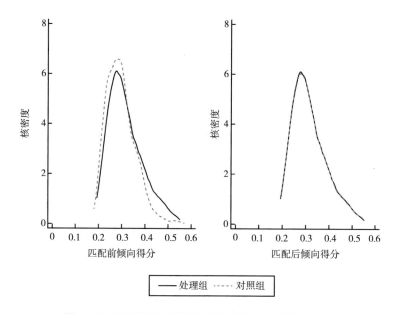

图 6-1 处理组和对照组匹配前后的倾向得分核密度

接下来报告匹配平衡测试结果，以检验协变量的选取是否有效。表 6-3 是匹配前的协变量的对比，使用平均标准化偏差（MSB）评估协变量的边际分布距离。可以看出，协变量在处理组与对照组之间的差异显著。账面市值比分别为 0.601 和 0.562，MBS 为 17.2% 在 5% 的水平上显著。总经理持股比例分别为 10.082% 和 9.667%，MBS 为 2.8%，不具有统计显著性；董事长持股比例分别为 15.278% 和 15.298%，MBS 为 -0.1，也不具有统计显著性。第一大股东持股比例有显著的差别，分别是 34.596 和 32.672，MBS 为 13.5%，在公司规模上和资产负债率方面，实施股票期权的公司与限制性股票公司差异显著，MBS 分别为 22.5% 和 24.5%，且在 1% 的水平上显著。很显然，在市场评价、股权制衡及规模和负债方面，两类公司存在显著差异，而这些因素与风险密切相关，意味着不可直接观测的风险是一个潜在的混淆因素。

表 6-3　　　　　　　　　　匹配平衡测试：匹配前

变量	均值			均值差异 t 检验	
	股票期权	限制性股票	MBS（%）	t 值	p>t
账面市值比	0.601	0.562	17.2	3	0.003
总经理持股比例	10.082	9.667	2.8	0.49	0.626
董事长持股比例	15.278	15.298	-0.1	-0.02	0.983
第一大股东持股比例	34.596	32.672	13.5	2.34	0.019
公司规模	21.981	21.697	22.5	4.07	0.000
资产负债率	0.390	0.341	24.5	4.36	0.000

匹配后的结果报告见表 6-4。可以看出协变量在处理组和对照组之间的差异消失，不再具有统计上的显著性。账面市值比的 MBS 由原先的 17.2% 下降到了 -0.5%，变化幅度达 97.3%。第一大股东持股比例的 MBS 从 13.5% 下降至 -0.6%，降幅达 95.2%。公司规模和资产负债率的 MBS 变化分别是 74.8% 和 88.6%。这表明，在匹配之后，处理组与对照组之间都是相似的，包括不可观测的因素。因而最大限度地消除了系统性偏误。

进一步，我们根据倾向得分匹配后的样本，重新估计 Logit 模型，结果报告见表 6-2 的列（2）。可以看出，伪 R^2 由匹配前的 0.0169 下降到匹配后的 0.0023，表明样本匹配后，Logit 模型的解释程度显著下降，进一步验证了上述匹配达到了预期的效果。

表6-4 匹配平衡测试：匹配后

变量	均值			均值差异 t 检验	
	股票期权	限制性股票	MBS（%）	t 值	p > t
账面市值比	0.601	0.602	-0.5	-0.07	0.948
总经理持股比例	10.082	11.790	-11.3	-1.53	0.126
董事长持股比例	15.278	16.520	-7.3	-1.03	0.301
第一大股东持股比例	34.596	34.689	-0.6	-0.09	0.927
公司规模	21.981	21.909	5.4	0.78	0.438
资产负债率	0.390	0.385	2.8	0.39	0.697

（三）平均处理效应结果

接下来我们讨论最关键的问题，激励标的物的选择是否向市场传递了信息，其市场反应程度有多大。根据第四章的公式（4-16）估计的平均处理效应（average treatment effect for the treated，ATT）结果如表6-5所示。

表6-5 股权激励标的物信号传递的平均处理效应

项目	(1)	(2)	(3)	(4)	(5)
	NNM3	NNM5	IPW	IPWRA	RA
窗格 A：CAR[0]					
ATT	0.0126***	0.0117***	0.0117***	0.0117***	0.0116***
标准误	(0.002)	(0.002)	(0.002)	(0.002)	(0.002)
N	1413	1413	1413	1413	1413
窗格 B：CAR[-3, 3]					
ATT	0.0116***	0.0109***	0.0108***	0.0108***	0.0107***
标准误	(0.004)	(0.004)	(0.004)	(0.004)	(0.004)
N	1413	1413	1413	1413	1413
窗格 C：CAR[-5, 5]					
ATT	0.0125***	0.0115***	0.0117***	0.0117***	0.0116***
标准误	(0.005)	(0.004)	(0.004)	(0.004)	(0.004)
N	1413	1413	1413	1413	1413

续表

项目	(1)	(2)	(3)	(4)	(5)
	NNM3	NNM5	IPW	IPWRA	RA
窗格 D：CAR[-10, 10]					
ATT	0.0100	0.0091	0.0080	0.0080	0.0078
标准误	(0.007)	(0.006)	(0.005)	(0.005)	(0.005)
N	1413	1413	1413	1413	1413

注：***、**、*分别表示在1%、5%和10%水平上显著；括号中的数字为经过 White 异方差修正标准误；所有模型均未报告常数项。

我们首先检验了激励标的物选择对公告日当天异常收益率的影响。结果列在表 6－5 的窗格 A 中。列（1）给出了 1∶3 最邻近匹配的结果。结果显示，公告日当天选择股票期权激励的公司比选择限制性股票的公司的累积异常收益率要高出 1.26%，这一差异在 1% 的水平上显著。这与表 6－1 列（1）的结果是一致的。为了检验结果的稳健性，在列（2）~列（5）分别使用了 1∶5 最邻近匹配、逆加权概率法（IPW）、逆加权概率回归调整法（IPWRA）和回归调整法（RA）等匹配方法进行估计。结果范围为 1.16% ~ 1.17%，且都在 1% 的水平上显著，表明我们的结果是稳健的。

窗格 B 给出了公告日前后 3 天的结果。1∶3 最邻近匹配的结果显示，选择股票期权的累积异常收益率比选择限制性股票额外高出 1.16%，对比表 6－1 列（2）的结果，可以发现两者是一致的。其他匹配方法的结果范围在 1.07% ~ 1.09%，略低于公告日当天的结果。这与前文的结论是一致的。

公告日前后 5 天的结果报告在窗格 C。结果范围为 11.5% ~ 12.5%。与表 6－1 列（3）结果是一致的。公告日前后 10 天的结果列示于窗格 D，异常收益率范围在 0.78% ~ 1%，明显低于表 6－1 列（4）的结果，且都不具有统计上的显著性。这表明 OLS 回归高估了标的物选择的信息传递效应。在对内生性结果进行修正后，表明市场对于激励标的物信息的反应持续时间不会超过 10 天。

四、对激励标的物信号传递效应的进一步讨论

激励标的物信号传递效应的实证分析结果可以通过多多诺娃和霍罗斯希洛夫（Dodonova and Khoroshilov，2006）提出的理论模型得到解释。该研究基于经理人的风险厌恶（risk-averse）和损失厌恶（loss-averse）心理，结合风险冲击导致的凸型的薪酬结构，分析了股票期权激励在应对高风险问题时所具备的优势。

基于期权的凸型薪酬结构允许管理者因良好的业绩而获得高水平的薪酬。从经理人风险厌恶的角度看，在公司业绩较差时给予经理人较低的工资，在公司业绩较好时给予较高的工资，以作为对风险的补偿。从损失厌恶的角度看，当公司业绩不佳时，损失厌恶型经理人还要求对他们可能遭受的损失给予额外补偿。在现实中，管理者是根据在风险冲击之前，参照其他管理者现有的激励合同来制定其薪酬基准的。相对于基准合同，新合同将会对表现不佳的管理者给出更严厉的惩罚。在任何一种可能的状态下，厌恶损失的管理者都非常不愿意接受任何可能降低他们薪酬的可能性，而股东必须进一步提高预期工资，以使他们保持在保留效用水平上。为了限制预期工资的增长，股东应该减少对不良业绩的惩罚。为了使管理人员保持在他们的保留效用水平上，他们的平均绩效报酬应该减少。因此，与风险厌恶型管理者相比，损失厌恶型管理者在公司绩效较差时工资较高，而在企业绩效一般时工资较低。这种合同是公司利润的凸函数，可以通过授予股票期权来实现。因此，风险因素增加时，选择使用股票期权，股东将为管理人员提供较少的报酬以获得良好的业绩。在这种逻辑下，可以推断出公司选择股票期权向市场传递了更为积极的信号，市场投资者对股票期权的反应要好于限制性股票。

第二节 利润业绩考核指标的信号传递效应

一、利润业绩考核指标在资本市场上的信号传递机理

利润率或利润增长率是股权激励公告里最常使用的业绩考核指标。这种把未来利润与激励结合起来的做法预示着一个稳定持久的盈余现金流。股权激励制定的利润目标通常要好于企业以往的表现，通常是在之前业绩的基础上再做一个提升。对于市场投资者而言，这属于未预期到的或意外盈余（earnings innovation）。根据股票估值模型，公司价值等于未来盈余现金流的现值之和，意外盈余导致永续年金的上升，这使市场对公司重新估值时产生了更高的预期，在资本市场上表现为超额收益率。

从风险角度看，股权激励提供了一个相对稳定的预期，减少了未来盈余波动的不确定性。根据资本资产定价模型，这意味着 β 系数相对变小，进而贴现率经过上述风险调整后降低。相对降低的贴现率提高了意外盈余的贴现值，表现为幅度更大的超额收益率。早期的理论文献表明，公司未来价值的事前不确定性会影响对信息披露的价格反应（Subramanyam，1996）。伊姆霍夫和洛博（Imhoff and Lobo，1992）使用盈余预测离散度作为未来公司业绩不确定性的代理变量证实了该理论预测。实证研究表明，具有低（高）盈利预测离散度的公司具有更大（小）的价格反应。

综上所述，股权激励利润业绩考核指标的信息传递效应是盈余时间序列特征和波动性的综合反映。上述机理通过图6－2进行了归纳概括。

二、基准回归结果

为了研究上述机制，我们通过OLS回归分析检验利润业绩考核指标的

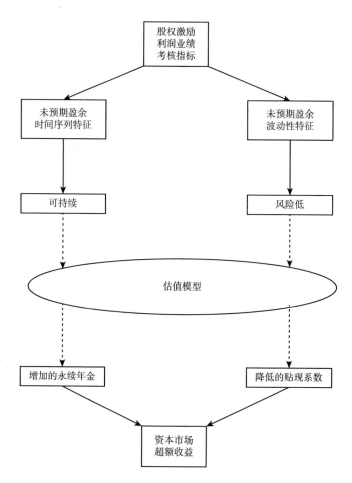

图 6 - 2 利润业绩考核指标在资本市场上的信号传递机理示意

信号传递效应，将它作为基准结果。被解释变量是累积异常收益率，在时间段划分上同前文一致。解释变量包括两个利润考核指标，分别是净资产收益率和利润增长率，同时控制了行业和年份效应。

净资产收益率业绩指标的信号传递效应结果报告见表 6 - 6。回归结果表明净资产收益率业绩指标具有显著的信号传递效应。具体而言，在公告日当天，累积异常收益率为 0.4%，在 5% 的水平上显著。进一步把时间扩展到公告日前后 3 天，累积异常收益率增加到 2.2%，前后 5 天这一效应扩大到 3.3%，前后 10 天仍然保持在 3.2%，这些结果均在 1% 的水平上显著。这表明净资产收益率业绩指标具有信息含量，为投资者提供了有用的信息。累积异常收益率随着窗口的放宽逐渐扩大，说明市场对净资产收益率业绩指标所传递信号的接收是一个渐进的过程。

表 6 - 6　　　　净资产收益率业绩指标信号传递效应 OLS 回归结果

解释变量	累积异常收益率			
	CAR [0]	CAR [-3, 3]	CAR [-5, 5]	CAR [-10, 10]
净资产收益率 业绩指标	0.004 ** (0.002)	0.021 *** (0.003)	0.033 *** (0.003)	0.032 *** (0.003)
年份	Yes	Yes	Yes	Yes
行业	Yes	Yes	Yes	Yes
校正 R^2	0.043	0.062	0.075	0.071
样本量	419	419	419	419

注：*** 、 ** 、 * 分别表示在1% 、5% 和10% 水平上显著；括号中的数字为经过 White 异方差修正标准误；所有模型均未报告常数项。

表 6 - 7 给出了利润增长率业绩指标的信号传递效应结果。可以看出，在事件日当天和前后 3 天，与利润增长率相关的市场反应不明显。在窗口 [-5, 5] 和 [-10, 10]，累积异常收益率分别为 1.1% 和 1.3%，在 10% 水平上显著。这表明利润增长率指标所传递的信息并没有立即在股票价格上得到充分反映，市场对利润率相关信息的解读存在一定的滞后性。

表 6 - 7　　　　利润增长率业绩指标信号传递效应 OLS 回归结果

解释变量	累积异常收益率			
	CAR [0]	CAR [-3, 3]	CAR [-5, 5]	CAR [-10, 10]
利润增长 业绩指标	0.002 (0.002)	0.004 (0.004)	0.011 * (0.006)	0.013 * (0.007)
年份	Yes	Yes	Yes	Yes
行业	Yes	Yes	Yes	Yes
校正 R^2	0.024	0.025	0.029	0.016
样本量	1366	1366	1366	1366

注：*** 、 ** 、 * 分别表示在1% 、5% 和10% 水平上显著；括号中的数字为经过 White 异方差修正标准误；所有模型均未报告常数项。

上述基准结果都支持了前文提出的研究假设，市场认为利润业绩指标是好消息。业绩指标越高市场反应幅度越大。

三、利润业绩指标的内生性问题与广义倾向得分匹配结果

对于基准模型而言，因果识别的挑战在于，存在不可观测的遗漏变量，一方面影响作为结果的累积异常收益率，同时，另一方面影响作为核心解释变量的利润业绩考核指标。因而对于基准模型，在下结论之前，需要进一步思考可能导致内生性的自选择偏误问题。

在制定股权激励利润业绩考核指标时，企业潜在的盈利能力是重要的考虑因素。只有潜在能力高的公司才有可能制定高的利润考核指标，否则制定过低或过高的目标都会失去激励的应有含义。同时潜在能力高的公司也可能在其他维度上向市场传递利好的信息，因而未来公司的股价在股票市场上也会有好的表现。这对于实证研究构成了挑战，因为公司的潜在能力是无法直接量化的，因而基准结果可能存在估计偏误。为了解决这一问题，我们使用广义倾向得分匹配法重新估计利润业绩指标的信号传递效应。

（一）分数 Logit 回归

我们基于分数 Logit 模型估计利润业绩指标强度的分布，其中，被解释变量是公告披露的利润业绩指标。核心解释变量是公告前一年的相应利润业绩，这是因为目标的制定是以之前的业绩水平作为参考的。协变量包括：账面市值比，用来控制市场外部环境；用总经理持股比例和董事长持股比例控制公司治理水平，用第一大股东持股比例衡量股权集中度；公司财务层面的变量用资产负债率衡量，同时控制了公司的规模。所有回归都包括行业固定效应以及年份效应。估计结果如表 6-8 所示，表中列（1）给出了净资产收益率业绩指标选择决定的分数 Logit 回归结果，列（2）是利润增长率业绩指标选择决定的分数 Logit 回归结果。

表 6-8　　　　　利润业绩指标选择决定的分数 Logit 回归结果

解释变量	(1)	(2)
	净资产收益率业绩	利润增长率业绩
上期净资产收益率	3.831 ***	
	(1.196)	
上期利润增长率业绩		-0.146
		(0.344)
账面市值比	0.909	-0.007
	(0.979)	(0.006)
总经理持股比例	0.011	0.002
	(0.010)	(0.006)
董事长持股比例	0.002	0.001
	(0.003)	(0.005)
第一大股东持股比例	-0.005	0.038
	(0.005)	(0.071)
企业规模	-0.243	-0.079
	(0.245)	(0.414)
资产负债率	-0.329	-3.917 ***
	(0.407)	(1.295)
Log pseudolikelihood	-28.31	-198.38
观测值	382	1063

注：*** 、** 、* 分别表示在 1% 、5% 和 10% 水平上显著；括号中的数字为标准误。

（二）平衡条件检验

接下来，我们在估计利润业绩指标强度分布的基础上，计算广义倾向得分值（generalized propensity score），在此基础上对样本进行匹配和分段。根据样本中净资产收益率业绩指标取值的范围，用净资产收益率值除以最大的净资产收益率目标值，将业绩强度标准化；然后根据标准化的业绩强度选取十分位点、上四分位点、中位数、下四分位点和九十分位点对样本进行细分。具体的强度临界值为 0.0099、0.0116、0.0149、0.0198 和 0.0248，将样本公司从低到高划分为 6 组。通过对比各个分段内协变量在处理组和对照组中的差异，检验匹配的效果。净资产收益率平衡条件检验结果见表 6 - 9。

表 6 - 9　　　　　　　　净资产收益率业绩指标平衡条件检验

变量	1	2	3	4	5	6
上期净资产收益率	0.013 (6.663)	0.011 (4.830)	0.003 (1.516)	− 0.005 (− 2.777)	− 0.011 (− 3.808)	− 0.021 (− 7.504)
账面市值比	− 0.015 (− 2.485)	− 0.014 (− 1.941)	− 0.002 (− 0.315)	0.003 (0.560)	0.002 (0.300)	0.043 (5.138)
总经理持股比例	− 0.282 (− 0.777)	− 0.861 (− 2.324)	− 0.306 (− 1.005)	0.118 (0.443)	0.481 (1.282)	1.109 (2.371)
董事长持股比例	0.375 (0.810)	− 1.018 (− 2.068)	− 0.203 (− 0.523)	0.070 (0.205)	0.287 (0.550)	0.164 (0.269)
第一大股东 持股比例	0.617 (1.510)	0.129 (0.285)	− 0.142 (− 0.400)	0.209 (0.663)	− 0.874 (− 1.620)	− 0.276 (− 0.494)
企业规模	− 0.014 (− 0.380)	0.092 (2.144)	0.079 (2.333)	0.035 (1.154)	− 0.209 (− 4.145)	− 0.104 (− 1.932)
资产负债率	0.003 (0.468)	0.021 (3.198)	0.000 (0.069)	0.000 (0.038)	− 0.025 (− 3.264)	− 0.003 (− 0.323)

注：括号中的数字为 t 值。

我们看到绝大部分协变量在处理组和对照组之间的差异不显著，由于上期净资产收益率与净资产收益率业绩指标密切相关，故处理组和对照组存在差异，但由于其数值较小，因而不具有经济上的显著意义。

同样的，我们对利润增长率指标进行平衡性条件检验。基于样本中利润增长率范围，用利润增长率值除以最大的利润增长率指标值，将业绩强度标准化；然后根据标准化的业绩强度选取十分位点、上四分位点、中位数、下四分位点和九十分位点对样本进行细分。具体的利润率强度临界值为 0.02 、0.024、0.04、0.06 和 0.11，将样本公司从低到高划分为 6 组，结果见表 6 - 10。协变量在处理组和对照组之间的差异绝大部分都不显著，满足平衡性条件。

表 6 - 10　　　　　　利润增长率业绩指标平衡条件检验

变量	1	2	3	4	5	6
上期利润增长率	- 0.015 (- 0.041)	- 0.215 (- 0.237)	- 0.745 (- 2.596)	0.125 (0.306)	0.383 (1.296)	0.093 (0.276)
账面市值比	- 0.025 (- 2.655)	- 0.017 (- 0.780)	0.007 (0.870)	0.011 (0.905)	0.018 (1.931)	0.004 (0.282)
总经理持股比例	1.069 (1.848)	1.060 (0.781)	- 0.304 (- 0.625)	- 0.247 (- 0.314)	- 0.390 (- 0.694)	- 0.838 (- 0.953)
董事长持股比例	1.112 (1.632)	3.194 (2.037)	- 0.590 (- 1.038)	- 1.384 (- 1.537)	0.169 (0.261)	- 0.937 (- 0.955)
第一大股东 持股比例	- 0.322 (- 0.553)	1.354 (0.991)	0.793 (1.614)	- 0.937 (- 1.189)	- 0.003 (- 0.005)	0.435 (0.492)
企业规模	- 0.201 (- 4.000)	0.000 (- 0.003)	0.065 (1.498)	0.098 (1.434)	0.047 (0.925)	0.116 (1.502)
资产负债率	- 0.012 (- 1.486)	0.001 (0.065)	- 0.004 (- 0.531)	0.028 (2.588)	0.005 (0.640)	0.010 (0.875)

注：括号中的数字为 t 值。

（三）剂量反应函数

接下来，我们估计了净资产收益率业绩指标的剂量反应函数，估计结果见图 6 - 3。我们以事件日前后 5 天的累积异常收益率作为被解释变量。可以看出，随着净资产收益率业绩指标强度增大，市场反应越强烈。这表明净资产收益率业绩指标向市场传递了积极的信号，较高的净资产收益率意味着良好的可持续的盈利预期。与前文的基准回归的结果是一致的。

利润增长率业绩指标的剂量反应函数呈现出类似的特征（见图 6 - 4）。

在业绩强度小于0.2时呈现略微下降趋势，从1.98%下降到1.76%。之后，随着业绩强度增加，累积异常收益率呈现迅速增加趋势，最大反应值为5.42%。这表明，利润增长率业绩指标同净资产收益率业绩指标一样，向市场投资者传递了未来稳健的盈余预期信号，市场捕捉到了这一信息并给予积极的回应。剂量反应函数结果与前文OLS基准结果是一致的。

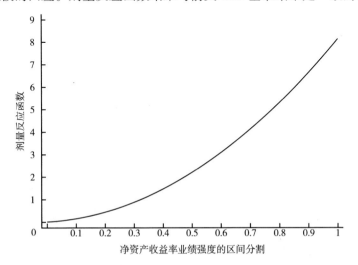

图6-3 净资产收益率业绩指标的剂量反应函数

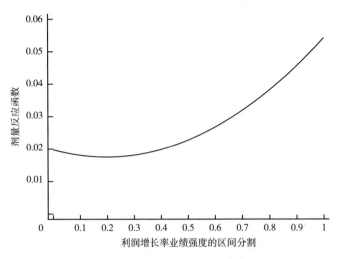

图6-4 利润增长率业绩指标的剂量反应函数

综上表明，以利润为基础的业绩考核指标具有丰富的信息含量，向投资者传递了积极的信号，市场认同利润业绩考核指标所传递的信息。

四、对利润业绩考核指标信号传递效应的进一步讨论

鲍尔和布朗（Ball and Brown，1968）为会计信息披露对公司股价影响的研究奠定了基础，进而引发了学术界关于会计盈余披露是否包含有价值的信息内容的争论。总的来说，文献的结论倾向于认为财务报告的盈余变化是股价的主要决定因素。

以往关于盈余信息的价值相关性研究文献大多从会计盈余对股价或股票回报的关系研究入手，形成了盈余及时性、稳健性和盈余反应系数等多支丰富的文献。最初的研究从未预期盈余与股价异常反应的关系进行探讨，因为在有效资本市场中，只有未预期盈余才具有新的信息含量。这支文献争论的焦点在于如何精确全面地度量未预期盈余。如果未预期盈余的代理变量存在误差，那么可能导致错误的推断结果。因为未预期盈余代理变量的测量误差与其他变量之间的任何相关性都会导致估计结果的偏误。

布朗等（Brown et al，1987）研究探讨了股票异常收益率和市场非预期盈余之间的关系，以及这些非预期盈余代理变量测量误差的重要性，利用三种方法改进了未预期盈余代理变量导致的计量误差问题，分别是随机游走模型、时间序列模型和分析师预测模型，但仍然没有解决非预期盈余的有效性问题（杜兴强等，2011）。以往的研究通常的做法是，使用前一年的盈余再加上一个偏移项来代替预期盈余。将预期盈余估计为相对于前一年的变化，假设年度盈余遵循随机游走的时间序列过程，换言之，假设对年度盈余的冲击完全是永久性的。然而，伊斯顿和哈里斯（Easton and Harris，1991）指出，盈余可能含有暂时性的成分，用盈余的变化作为未预期盈余的代理变量是存在问题的。也有研究指出，未预期盈余的测量误差致使盈余反应系数（earnings response coefficients，ERC）存在趋向于零的偏误（Kormendi and Lipe，1987）。基于此，阿里和扎罗温（Ali and Zarowin，1992）进一步使用时间序列方法把未预期盈余分解为暂时性盈余和永久性盈余两部分，深化了人们对该主题的认识。他们认为在存在暂时性盈余成分的情况下，上一时期的盈余不能很好地代表当期的预期盈余，同时，盈余的变化也不能很好地代表未预期盈余。实证结果表明，使用盈余的变化作为非预期盈余的代理变量会导致 ERC 偏向于零，这是以往文献中 ERC 估计值较低的潜在原因。他们提供的证据表明，使用盈余变化作为意外盈余的代理变量，所产生的 ERC 的估计误差与盈余的持续性有关，这将导致 ERC 和盈余持续性之间的联系被夸大。他们认为，当前盈余水平提供的信息对于解释市场反应的变化因过去盈余的持久性而异。当过去盈余是永久性的时，当前盈余水平对于提高模型的解释力的作用有限；当过去性盈余是暂时性的时，当前盈余水平提高了模型的解释力。

伊斯顿等（Easton et al，1992）在研究市场回报和加总盈余之间的关系时发现，随着加总周期的增加，二者之间联系的强度也随之增加；还发现非预期盈余有两个属性在之前的文献中很少受到关注。一是随着时间的推移，盈余可以通过累积加总进行分析；二是累计盈余中的"误差"因素在较长时间内加总后，其重要性降低。这表明通过盈余加总期限的延长可以消除盈余预测的误差，因而能准确地度量盈余的信息含量。

本研究使用股权激励公告中的利润业绩指标从一个新的角度衡量未预期盈余。因为从会计契约观的角度看，该指标比上述未预期盈余的各种测算模型具有更高的可信性和准确性，因而我们估计的股权激励信息传递效应更加准确可信。

第三节　销售收入业绩考核指标的信号传递效应

一、销售收入业绩考核指标在资本市场上的信号传递机理

股权激励公告中包含的利润业绩指标信息在确定股票价格方面起着重

要作用。尽管它很重要，但近来大量研究越来越关注财务报表中利润之外的数据，例如收入。一方面，收入的增长情况可以反映企业的持续成长能力，另一方面，收入也会影响未来收益、现金流和股票价格。由于管理层可能出于机会主义动机操控应计项目，从而降低盈余的信息含量。因而需要从盈余的基本面进行解构，以期发现具有增量信息的组成部分。例如，杰加迪什和利夫纳特（Jegadeesh and Livnat，2006）研究了收益公告期间报告的收入所传达的增量信息。他们发现公告后的股票异常收益与未预期收入正相关，并且未预期收入在解释股票收益方面超出了未预期盈余。这表明未预期收入信息具有重要的价值影响。

这些研究同样面临非预期收入代理变量的准确性问题，以及能否从经济交易的本质特征反映管理层的行为。基于这种考虑，本节从股权激励公告中销售收入增长率业绩指标入手，检验收入相关指标是否像利润指标一样增加价值相关性的信息。

这里的关键是厘清收入增长与未来盈余之间的关系。我们分别基于以下两个方面对收入业绩指标在资本市场上的信号传递形成逻辑加以说明：（1）收入和费用的时间序列特征；（2）盈余组成部分的经济特征与管理层的操控难易程度。

在分析收入传递价值相关性信息内容时，有两个因素值得注意。根据利润表，盈余是收入扣除支出费用后的余额。因而利润增长有两种可能的驱动因素，一是收入的增长，二是支出或费用的减少。但两者向资本市场传达的信息却迥然不同。相对而言，由收入增长驱动的盈余增长比费用降低驱动的盈余增长更具有持久性。这是因为费用的组成部分是异质的，一些组成部分是非经常性的。相比之下，收入比支出更加同质化并且更加持久。根据竞争战略理论（Porter，1980），采取产品差异化战略的公司能够长期保持其竞争优势。一方面由于竞争对手很难效仿其战略，故容易获得产品溢价。该战略的成功体现在市场对公司产品需求的不断增长，在会计报表上表现为持续的盈余增长和持续的收入增长。另一方面，竞争对手也可以通过模仿"成本领先者"的战略，以类似的方式削减成本，然而成本削减面临一个界限，超过这个界限，就很难在不影响核心业务的情况下削减成本。同时，成本也是"黏性"的，因为当经济活动水平变化时，成本增长的速度快于下降的速度（Anderson et al，2003），这使得维持持续的成本削减难以为继。从战略实施的灵活性上看，收入增长战略通常是积极主动的，而成本削减通常是被动的。成本削减通常发生在陷入困境的公司，通常把削减成本作为短期的补救措施，而不是长期的解决方案。并且从长远来看，成本削减还存在损害公司盈利能力的风险（Ghosh et al，2005）。

从管理层机会主义并结合会计准则来看，收入比支出更难操纵（Ertimur et al，2003）。虽然盈余增长可以通过盈余管理实现。然而机会主义盈余管理行为只对短期盈余增长的影响较大，对长期持续的盈余增长影响不大。这是因为盈余中向上管理的部分会在以后的时期中逆转。具体到盈余增长的两个来源看，管理收入增长要比管理成本降低更难（Ertimur et al，2003）。从收入方面看，那些操纵增加收入的方法，通常都会违反会计准则，并且会受到审计人员和证监会的严格审查。提前确认的收入在不久的将来也会发生逆转。从费用或支出方面看，坏账或重组费用等成本管理行为通常都是在会计准则规定的框架内完成的，使得这类行为难以被发现。同时在逆转与费用有关的应计项目的时间方面也有较大的灵活性。高希等（Ghosh et al，2005）报告的证据表明，当收入和收益的变化方向相同时，公司不太可能进行盈余管理。这至少部分是因为会计操纵的盈利增长可能不如积极经营带来的盈利增长那样持久。因此，当一家公司报告收益时，如果投资者能够辨别出非预期收益是由收入变化还是支出变化驱动的，那么他们就会获得增量信息。如果未预期盈余伴随着相同方向的且幅度相当的未预期收入，那么可以推测未预期盈余是由收入增长导致的，而不是支出或费用减少导致的。最终在资本市场上表现为累积异常收益。我们将上述机理用图6-5表示。

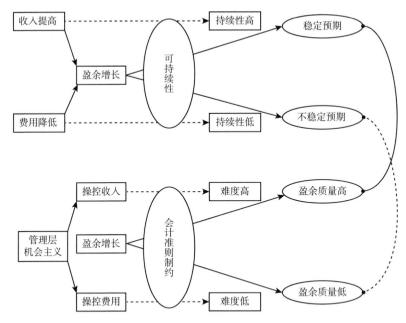

图 6 – 5   销售收入业绩考核指标在资本市场上的信号传递机理示意

二、基准回归结果

为了验证销售收入业绩指标在资本市场上的信号传递机制，笔者首先给出基于事件研究法的基准回归结果（见表 6 – 11）。

表 6 – 11   销售收入增长率业绩指标信号传递效应 OLS 回归结果

解释变量	累积异常收益率			
	CAR [0]	CAR [-3, 3]	CAR [-5, 5]	CAR [-10, 10]
销售增长业绩指标	0.030 ***	0.047 ***	0.042 **	0.051 *
	(0.010)	(0.015)	(0.020)	(0.027)
年份	Yes	Yes	Yes	Yes
行业	Yes	Yes	Yes	Yes
校正 R^2	0.023	0.058	0.044	-0.010
样本量	587	587	587	587

注：***、**、*分别表示在1%、5%和10%水平上显著；括号中的数字为经过 White 异方差修正标准误；所有模型均未报告常数项。

表 6 - 11 是销售收入增长业绩指标信号传递效应的 OLS 基准回归结果。正如我们所预期的，销售收入业绩指标向市场传递出积极的信号。在事件日当天，收入增长率业绩指标每增加 1 个单位，累积异常收益率增加 3%，在 1% 的水平上显著。把事件窗口扩展至事件日前后 3 天，累积异常收益率增加 4.7%，在 1% 的水平上显著。进一步看事件日前后 5 天和前后 10 天的累积异常收益率，分别是 4.2% 和 5.1%，仍然在统计上显著，但事件日前后 10 天结果的显著性下降至 10%，表明市场在短期内对收入增长业绩指标信息的吸收基本完成。

三、销售收入业绩指标的内生性问题与广义倾向得分匹配结果

同上一节利润业绩指标一样，销售收入增长率业绩指标同样可能存在内生性问题的困扰。这里仍然采用广义倾向得分匹配法修正可能存在的选择性偏误问题。

（一）分数 Logit 回归

销售收入增长率业绩指标选择决定的分数 Logit 回归的结果报告在表 6 - 12 中，根据此估计系数可进一步估计广义倾向得分，对样本进行匹配和分段。

表 6 - 12　　销售收入增长率业绩指标选择决定的分数 Logit 回归结果

解释变量	利润增长率业绩
销售增长率	- 0.146 (0.344)
账面市值比	- 0.007 (0.006)
总经理持股比例	0.002 (0.006)

续表

解释变量	利润增长率业绩
董事长持股比例	0.001
	(0.005)
第一大股东持股比例	0.038
	(0.071)
企业规模	-0.079
	(0.414)
资产负债率	-3.917***
	(1.295)
Log pseudolikelihood	-141.484
观测值	453

注：***、**、*分别表示在1%、5%和10%水平上显著；括号中的数字为标准误。

（二）平衡条件检验

根据样本中销售收入业绩指标的取值范围，用业绩指标值除以业绩指标的最大值，将销售收入业绩强度标准化。然后根据标准化的销售收入业绩指标强度选取十分位点、上四分位点、中位数、下四分位点和九十分位点细分样本。上述销售收入业绩指标强度的临界值分别为0.062、0.077、0.127、0.192和0.308，这样将样本公司从低到高划分为6组。接下来通过分析各个分段内协变量在处理组和对照组中的差异是否显著，检验匹配的效果。平衡条件检验结果如表6-13所示，结果表明协变量中绝大部分在处理组和对照组中不显著，很好地满足了平衡性条件。

表6-13　　　　　　　销售收入增长率业绩指标平衡条件检验

变量	1	2	3	4	5	6
上期收入增长率	0.001	0.031	-0.015	-0.029	-0.004	0.015
	(0.020)	(1.411)	(-0.683)	(-1.311)	(-0.129)	(0.437)
账面市值比	-0.008	0.016	-0.013	-0.003	0.014	0.005
	(-0.955)	(2.890)	(-2.051)	(-0.512)	(1.691)	(0.536)

续表

变量	1	2	3	4	5	6
总经理持股比例	1.025 (1.842)	-0.244 (-0.762)	-0.134 (-0.347)	-0.071 (-0.203)	-0.456 (-0.961)	0.212 (0.386)
董事长持股比例	0.754 (1.231)	0.014 (0.038)	0.396 (0.927)	-0.738 (-1.945)	-0.274 (-0.521)	0.115 (0.188)
第一大股东 持股比例	1.136 (2.131)	0.298 (0.888)	-0.586 (-1.557)	-0.060 (-0.175)	-0.887 (-1.840)	-0.087 (-0.157)
企业规模	-0.040 (-0.895)	0.044 (1.529)	0.020 (0.611)	-0.012 (-0.392)	0.034 (0.769)	0.023 (0.449)
资产负债率	-0.006 (-0.847)	-0.001 (-0.218)	0.004 (0.850)	-0.002 (-0.430)	1.061 (-0.004)	0.000 (-0.026)

注：括号中的数字为 t 值。

（三）剂量反应函数

销售收入业绩目标的剂量反应函数估计如图 6-6 所示，与前文一致，我们仍然选取事件日前后 5 天的累积异常收益率作为被解释变量。剂量反应函数给出的反应模式与基准结果是一致的。销售收入业绩指标强度越

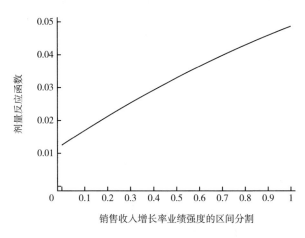

图 6-6　销售收入增长率业绩指标的剂量反应函数

大，市场反应越强烈，市场投资者认可收入业绩指标所传递的信息，基于收入业绩指标预期的未来盈余是可持续的。

四、对收入业绩考核指标信号传递效应的进一步讨论

我们的结果与证券投资的基本面分析文献是一致的。尤其是近年来基于财务报表信息预测未来盈余能力的文献为本文的发现提供了佐证。这些文献表明，在当前盈余是未来盈余的弱指标的情况下，收入在预估价值和未来现金流指标方面的作用将更加重要。杰加迪什和利夫纳特（Jegadeesh and Livnat，2006）的研究表明，未预期收入是收入持续增长的一个指标，古等（Gu et al，2006）发现，当未预期盈余是由未预期收入驱动时，未预期盈余的持续性会增加。埃尔蒂穆尔等（Ertimur et al，2003）发现收入具有相对较高的自相关性。高希等（Ghosh et al，2005）的结果表明，盈余和收入都持续增长的公司相对于仅盈余持续增长的公司，其盈余持续性更久。

在未预期收入与市场反应的关系问题上，高希等（Ghosh et al，2005）做了细致的研究，为我们理解收入业绩指标的信号传递效应提供了有益的思路。他们提出了以下问题：（1）市场投资者对收入和支出的反应是否不同？（2）价值型公司和成长型公司在销售和支出方面的市场反应是否不同？研究发现投资者对未预期收入的反应要比未预期成本节约的反应强烈得多。并且还发现，市场对价值型公司和成长型公司的反应不同。相对于价值型公司，投资者对成长型公司未预期收入的反应更强烈。接着进一步分析了市场对未预期收入和未预期费用反应差异背后的原因。从根本上说，相对较高的收入持续性激发了市场对未预期收入更强烈的反应。这一点可以通过估值模型来说明。估值模型的经验研究表明，投资者对任何持续更久或不确定性更低的未预期盈余都会做出更强烈的反应。首先，高希等（Ghosh et al，2005）估计了收入变化的一阶和二阶自相关系数，比费用变化的自相关系数要高。这表明销售收入的变化要比费用的变化更持

久。因而市场参与者对由未预期收入引起的盈余变化的反应程度，比由未预期费用降低引起的盈余变化的反应程度更强烈。其次，从信号噪声上看，费用比收入要更多一些。费用的不同组成部分对企业有不同的意义。从时间上看，一些费用对企业有长期的好处，例如研发，而另一些可能只是受益于当期。从经营性质上看，一些费用与市场需求相关，而另一些则与公司的经营能力相关。从发生频率上看，一些费用是经常性的，另一些是特殊的或非经常性的。由于费用是由这些不同组成部分加总而成的，因而费用信号对于市场参与者来说显得更为嘈杂。因而，市场对未预期的费用削减反应不那么强烈。

高希等（Ghosh et al，2005）进一步从价值型公司和成长型公司入手，检验未预期收入和未预期费用在市场反应上的差异性。这是基于以下考虑：处于生命周期初始阶段的成长型公司，投资者可能更关注其收入增长，而对于处于生命周期末后阶段的价值型公司，更关心未预期费用的削减。实证结果表明，在市场对未预期收入的反应方面，成长型公司要强于价值型公司。这是因为成长型公司的投资者更关心客户对公司产品需求的增长，而不是控制成本。相比之下，价值型公司的产品市场更加成熟，投资者也很了解，他们更关心管理层在需求增长缓慢甚至下降的情况下控制费用和维持利润的能力。因此，市场对价值型公司销售额的反应要小于成长型公司。在市场对费用反应的研究上，高希等（Ghosh et al，2005）另辟蹊径，检验了在未预期收入为负值且未预期盈余为正值的情况下，价值型公司和成长型公司之间的差异。结果表明，这些公司在销售额下降的情况下能够控制成本，这对价值型公司来说是个好消息，因为管理层有决心和能力降低成本。但是对于成长型公司来说，市场投资者对此却有另一番解读。这是因为尽管成长型公司有控制成本和增加利润的能力，但市场投资者可能会担心销售状况恶化，从而压低这些成长型公司的股价。在上述逻辑下，在负的未预期收入加上正的未预期盈余的情况下，市场给予价值型公司正面评价，市场反应为正，对于成长型公司而言，市场给予负面评价，即负回报。

另一篇与本节结论相关的文献来自卡马（Kama，2009）。这篇文献为了检验未预期收入的市场反应，以研发强度和市场垄断程度为背景，探讨了收入信号传递的异质性效应。

收入变动所传递的信息因研发强度而异。这是基于以下逻辑：研发密集型公司的环境特点是未来盈利波动性相对较高（Kothari et al，2002），因而盈余的持续性和精确性较低，在这种情况下，市场投资者需要一个稳定、持久的代理变量进行估值。科塔里（Kothari et al，2002）发现，研发支出与收入可变性之间存在正相关关系，因而收入是一个理想的代理变量。卡马（Kama，2009）的结论表明，在研发强度高的公司中，市场对未预期盈余的反应低于研发强度低的公司，同时，市场对未预期收入的反应高于研发强度低的公司。

之所以出现上述收入与市场竞争状态的关系，是因为收入反映了企业市场份额。更大的市场份额意味着企业影响市场经济参数的能力。市场集中度和竞争水平能够反映行业特征。在寡头垄断竞争的行业中，市场份额战略较之于其他类型的竞争形态要发挥更重要的作用，因为更大的市场份额是一项投资，可以在未来产生支配价格、供应条件和其他经济变量的能力。收入的增加会导致更高的市场份额，可以看作产能投资的代理变量。另外，产能投资可能会阻止竞争对手的投资，并使现有企业能够利用市场结构来行使市场权力（Martin，2002）。在这种情况下，收入可以作为能力的代表，从而以行使市场力量的方式调节市场结构。与此相对应，在资本市场上，收入对股票回报的影响对于处在寡头垄断竞争环境中的公司更大。而在垄断环境中，收入对股票回报的影响并不高，因为市场力量已经存在了。实证结果验证了上述逻辑。卡马（Kama，2009）发现，在寡头垄断竞争的环境中，当行业由 2～3 个公司主导时，未预期收入对股票回报的影响更大。当市场结构接近完全竞争时，市场对未预期收入的反应较弱。因为当市场集中度较低时，增加的市场份额可以忽略不计，并且不会导致竞争力的显著变化，因而资本市场对收入变化反应不敏感。

然而，高希等（Ghosh et al，2005）和卡马（Kama，2009）面临一个

共同的问题，那就是未预期收入测算的精确度问题。他们使用的方法与传统的未预期盈余是类似的，因而不可避免地带有与未预期盈余度量同样的问题。本节采用的股权激励公告文本中的销售收入业绩考核指标，直接度量了未来收入的变化方向和幅度，在很大程度上避免了度量不精确的问题。为探讨销售收入业绩考核指标在资本市场上的信号传递机制提供了更直接的证据。我们的研究结果可以帮助投资者利用披露的销售收入业绩考核指标更好地分析未来盈余质量，更准确地评估公司股票价值。

第四节　行权价格的信号传递效应

一、行权价格设定与管理层机会主义行为

大量文献发现，经理人在其薪酬形成过程中采取了机会主义行为，主要体现在通过操纵公司运营或公告的策略来增加薪酬。股权激励也不例外。管理层通过股权激励授予时机的选择或围绕授予日的机会主义信息披露，左右投资者的判断，达到最大限度地提高股票期权收益，将财富从股东转移到管理层的目的（Yermack，1997；Aboody and Kasznik，2000）。

文献中提到经理人对其薪酬签约过程产生直接或间接影响的例子不计其数（Yermack，1997）。许多公司在委托书中公开承认，经理人为自己构建了薪酬结构，包括股票期权奖励的时间安排，而董事会的作用仅限于批准管理层的提议。除了管理层直接参与制定薪酬条款之外，还存在薪酬契约制定过程中的利益冲突问题，例如部分财富 500 强公司的首席执行官曾担任过自己薪酬委员会的成员。此外，在大多数公司中，招聘和重新任命董事会成员的过程一直由 CEO 控制。因而 CEO 可以通过这些方式对薪酬委员会施加影响，并利用这种权力来增加薪酬的价值，降低薪酬的风险。因此，在公司治理体系不健全的情况下，往往容易发生管理者通过薪酬体

系攫取利润的行为。

具体到股权激励行权价格设定问题上，管理层存在两种类型的机会主义行为（Aboody and Kasznik，2000）。

一是，对于没有固定激励授予计划的公司（firms with unscheduled awards），管理层围绕信息披露日前后择机公布激励计划（opportunistic timing of awards）。世界各国的相关制度大多规定，授予激励对象的股票期权，其行权价格应该与授予日前一段时间的股票价格近似接近。这种规定造成了这样一种情形，期权授予对象受益于激励授予的时机，可以通过公司在相关信息发布前后对期权奖励时机进行选择来增加经理人的财富，但这种财富的增加与管理者技能、努力或表现等最初的激励目标无关（Yermack，1997）。现实中，薪酬委员会在决定股票期权授予的规模和时间上具有自由裁量权，在实践中因公司和时期而异。如果经理人能够对自己的薪酬条款施加影响，那么他们极有可能在利好消息推高公司股价之前，获得股票期权激励，或者在负面消息之后授予期权。

二是，有固定激励授予计划的公司（firms with scheduled awards），其管理层围绕事先定好的激励授予计划，选择披露公司相关信息的时机（opportunistic timing of management voluntary disclosures）。在一些关于薪酬问题的争辩中，有观点认为可以通过要求按固定时间表授予期权，以达到消除经理人在股票期权薪酬方面的机会主义行为。然而事实却并非如此。在那些有固定激励授予时间计划的公司中，经理人可以通过选择自愿披露信息的时间来增加他们的薪酬（Aboody and Kasznik，2000）。理论上，经理人可以采取推迟发布好消息、提前公布坏消息的策略。这种披露策略确保了与坏消息相关的公司股价下跌，发生在授予日期之前而不是之后，而与好消息相关的股票价格上涨，发生在授予日期之后而不是之前。通过这种方式，经理人可以机会主义地管理其信息披露时间来增加其奖励的价值。

从短期看，如果行权价格小于授予日前股价且差距越大，表明行权难度越低，经理人的机会主义动机就越明显。我们预测，当投资者对这一现象做出分析解读时，市场收益率会随着这一差距的增大而下降。

二、基准回归结果

根据《上市公司股权激励管理办法》有关规定，上市公司股权行权价格不应低于以下两种情形中价格较高者：（1）股权激励计划草案摘要公布前一个交易日的公司标的股票收盘价；（2）股权激励计划草案摘要公布前30个交易日内的公司标的股票平均收盘价。对于限制性股票的最低授予价格，《股权激励有关事项备忘录 1 号》规定，价格不得低于定价基准日前 20 个交易日公司股票均价的 50%。据此，我们计算了上述两种情形中价格较高者与行权价格/授予价格的差值。如果差值为负且绝对值越大，表明行权难度越高，经理人的机会主义动机越低，如果差值为正且差距越大，则表明经理人的机会主义动机越严重。

我们首先按照事件研究法思路给出 OLS 回归结果（见表 6 - 14）。可以看出行权价格/授予价格越低，市场反应越负面。具体而言，在事件日当天效果不明显，在窗口 [-3，3] 行权价格/授予价格的累积异常收益率为 0.04%，在 1% 水平上显著，即价格每降低 1 个单位，累积异常收益率降低 0.04%。在窗口 [-5，5] 和 [-10，10] 对应的累积异常收益率分别为 0.04% 和 0.09%，都在 1% 水平上显著。基准结果验证了上一部分的理论分析，市场对管理层的机会主义行为有所觉察，并给出了负面评价。

表 6 - 14　　行权价格/授予价格（连续变量）信号传递效应的 OLS 回归结果

解释变量	累积异常收益率			
	CAR[0]	CAR[-3，3]	CAR[-5，5]	CAR[-10，10]
理论与实际 行权价格差异	-0.0001 (0.0001)	-0.0004 *** (0.0001)	-0.0004 *** (0.0002)	-0.0009 *** (0.0003)
年份	Yes	Yes	Yes	Yes
行业	Yes	Yes	Yes	Yes

续表

解释变量	累积异常收益率			
	CAR[0]	CAR[-3，3]	CAR[-5，5]	CAR[-10，10]
校正 R²	0.0237	0.0261	0.0256	0.0303
样本量	1545	1545	1545	1545

注：***、**、*分别表示在1%、5%和10%水平上显著；括号中的数字为经过 White 异方差修正标准误；所有模型均未报告常数项。

以上是通过连续变量来衡量管理层的机会主义程度。接下来我们进一步通过哑变量进行分析。具体做法是，根据《上市公司股权激励管理办法》规定的价格与行权价格/授予价格的差值设置哑变量。将差值为正的设置为1，称之为机会主义动机组，其余的设置为0，属于非机会主义动机组。这样做的理由是，差值为正表明管理层存在明显的机会主义动机。通过这样的归类，可以分析市场对机会主义动机的平均反应，结果报告在表6-15中。结果显示，管理层股权激励机会主义行为有非常强烈的负面市场效应，在公告日当天机会主义组相对于非机会主义组的累积异常收益率要低0.75%，在1%的水平上显著。在窗口［-3，3］这一差距进一步扩大到0.82%，在10%的水平上显著。随着时间的积累，差距再次扩大，在窗口［-5，5］和［-10，10］，累积异常收益率的差距分别达到1.2%和1.5%，分别在1%和5%的水平上显著。

表6-15　　行权价格/授予价格（哑变量）信号传递效应的 OLS 回归结果

解释变量	累积异常收益率			
	(1) CAR［0］	(2) CAR［-3，3］	(3) CAR［-5，5］	(4) CAR［-10，10］
是否机会主义	-0.0075*** (0.0021)	-0.0082** (0.0039)	-0.0120*** (0.0044)	-0.0150** (0.0059)
年份	Yes	Yes	Yes	Yes
行业	Yes	Yes	Yes	Yes
校正 R²	0.0261	0.0248	0.0247	0.0127
样本量	1954	1954	1954	1954

注：***、**、*分别表示在1%、5%和10%水平上显著；括号中的数字为经过 White 异方差修正标准误；所有模型均未报告常数项。

三、倾向得分匹配结果

基于上文的理论分析，管理层在股权激励上的机会主义动机与管理层所掌握的私人信息有关，这些信息大多涉及企业未来盈余情况，因而最终会被市场觉察。因此，在检验机会主义动机与市场反应的关系时，直接使用传统的线性回归模型可能存在一定的样本选择偏误。换言之，对企业未来盈余信息掌握更多的管理层，更倾向于机会主义方式确定行权价格，这使我们虽然观察到强烈的市场反应，但却无法判断这是否是由于管理层机会主义所导致。为此，本节采用倾向得分匹配法来控制样本的选择偏误。

（一）Logit 模型及倾向得分

首先使用 Logit 模型估计倾向得分。其中被解释变量为，是否在行权价格/授予价格上表现出机会主义动机。协变量从公司财务情况、公司治理以及市场评价三个方面衡量。其中，财务变量是股权激励草案公告前一年的公司规模（总资产的对数）和资产负债率，用草案公告前一年的总经理持股比例、董事长持股比例以及第一大股东持股比例衡量公司治理情况，市场评价指标是草案公告前一年的账面市值比。回归结果报告在表 6 - 16 中的列（1）显示。可以看出，第一大股东持股比例、账面市值比低的公司更倾向于表现出机会主义倾向。

表 6 - 16　　　　　　　行权价格/授予价格选择估计模型

解释变量	（1）	（2）
账面市值比	- 0.9137 *** (0.3213)	0.1600 (0.1845)
总经理持股比例	0.0048 (0.0061)	0.0037 (0.0035)

续表

解释变量	（1）	（2）
董事长持股比例	－ 0.0027 （0.0054）	－ 0.0056 * （0.0032）
第一大股东持股比例	－ 0.0092 ** （0.0045）	0.0031 （0.0027）
企业规模	0.0393 （0.0685）	－ 0.0789 ** （0.0393）
资产负债率	－ 0.5354 （0.3999）	－ 0.1227 （0.2227）
常数项	1.8428 （1.3939）	1.6266 ** （0.8100）
伪 R^2	0.0127	0.0023
卡方值	20.15	9.61
观测值	1802	3026

注：***、**、* 分别表示在1%、5%和10%水平上显著；括号中的数字为标准误。

（二）基于倾向得分值的协变量平衡检验

我们在 Logit 模型估计系数的基础上进一步预测出倾向得分值，为机会主义倾向较为明显的公司选择与之最相似的非机会主义公司进行匹配，达到两种公司除了在机会主义表现方面不同之外，其他特征均相似（见图6-7）。这里机会主义倾向较为明显的公司为处理组，在倾向得分方面与之接近的非机会主义公司为对照组。图6-7展示了匹配前后两组公司的倾向得分核密度分布。能够看出在匹配前，两组的倾向得分在分布上存在明显的差异，匹配后差异几乎消失，从而最大限度地减少了系统性偏误，为测算机会主义行为信号的市场反应奠定了基础。

为了检验协变量选取的有效性，我们进行了匹配平衡测试。首先给出匹配前协变量的对比，结果见表6-17，其中，平均标准化偏差（MSB）用来衡量协变量的边际分布距离。结果表明，大部分协变量在处理组与对照

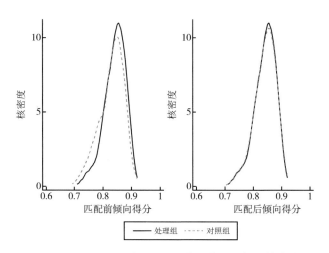

图 6 - 7　处理组和对照组匹配前后的倾向得分核密度

组之间的差异显著。账面市值比分别为 0.568 和 0.620，MBS 为 -23.5%，在 1% 的水平上显著。总经理持股比例分别为 9.6% 和 8.769%，MBS 为 5.7%，不具有统计显著性；董事长持股比例分别为 15.166% 和 14.75%，MBS 为 2.5%，也不具有统计显著性。第一大股东持股比例差别显著，分别是 32.559% 和 34.852%，MBS 为 -15.8%，在公司规模上和资产负债率方面，机会主义公司相比非机会主义公司的 MBS 分别为 -11% 和 -14.7%，分别在 10% 和 5% 的水平上显著。综上可以看出，两类公司在市场评价、股权制衡及规模和负债程度方面存在显著差异，这些因素既能影响管理层的机会主义行为，又能影响股票市场表现，因而存在潜在的内生性问题。

表 6 - 17　　　　　　　　　匹配平衡测试：匹配前

变量	均值			均值差异 t 检验	
	机会主义	非机会主义	MBS（%）	t 值	p > t
账面市值比	0.568	0.620	-23.500	-3.660	0.000
总经理持股比例	9.600	8.769	5.700	0.900	0.370
董事长持股比例	15.166	14.750	2.500	0.390	0.695
第一大股东持股比例	32.559	34.852	-15.800	-2.520	0.012
公司规模	21.773	21.915	-11.000	-1.790	0.074
资产负债率	0.352	0.382	-14.700	-2.420	0.016

匹配后的结果报告在表 6-18 中。可以看出协变量在处理组和对照组之间的差异消失，除了公司规模之外，不再具有统计上的显著性。账面市值比的 MBS 由原先的 -23.5% 上升到了 0.1%，变化幅度达 99.4%。总经理持股比例的 MBS 从 5.7% 下降至 2.8%，降幅达 50.2%，董事长持股比例的 MBS 从 2.5% 下降至 -0.7%，降幅达 71.8%。第一大股东持股比例和资产负债率的 MBS 变化分别是 31.9% 和 62.5%。这表明匹配之后处理组和对照组之间都是相似的，包括不可观测的因素。因而最大限度地消除了系统性偏误。

表 6-18　　　　　　　　　　匹配平衡测试：匹配后

变量	均值			均值差异 t 检验	
	股票期权	限制性股票	MBS（%）	t 值	p > t
账面市值比	0.568	0.567	0.100	0.040	0.967
总经理持股比例	9.600	9.187	2.800	0.800	0.427
董事长持股比例	15.166	15.283	-0.700	-0.200	0.845
第一大股东持股比例	32.559	32.094	3.200	0.920	0.359
公司规模	21.773	21.870	-7.500	-2.140	0.032
资产负债率	0.352	0.363	-5.500	-1.540	0.124

接下来，我们从另一个角度检验匹配效果，根据倾向得分匹配后的样本，重新估计 Logit 模型，结果报告在表 6-16 的列（2）。可以看出，伪 R^2 由匹配前的 0.0127 下降到匹配后的 0.0023，模型解释程度显著下降意味着我们的匹配达到了预期的效果。

（三）平均处理效应结果

使用倾向得分匹配估计的平均处理效应报告在表 6-19 中。

我们首先在表 6-19 的窗格 A 中检验了行权价格/授予价格表现出的机会主义对公告日当天异常收益率的影响。列（1）给出了 1∶3 最邻近匹配的结果，结果显示，公告日当天有明显机会主义倾向的公司比非机会主义公司的累积异常收益率要低 0.99%，这一差异在 1% 的水平上显著。

表 6-19 行权价格/授予价格信号传递的平均处理效应

项目	(1)	(2)	(3)	(4)	(5)
	NNM3	NNM5	IPW	IPWRA	RA
窗格 A：CAR [0]					
ATT	-0.0099***	-0.0093***	-0.0078***	-0.0078***	-0.0099***
标准误	(0.002)	(0.002)	(0.002)	(0.002)	(0.002)
N	1802	1802	1802	1802	1802
窗格 B：CAR [-3, 3]					
ATT	-0.0110***	-0.0108***	-0.0074*	-0.0074*	-0.0110***
标准误	(0.004)	(0.004)	(0.004)	(0.004)	(0.004)
N	1802	1802	1802	1802	1802
窗格 C：CAR [-5, 5]					
ATT	-0.0144***	-0.0139***	-0.0109**	-0.0109**	-0.0144***
标准误	(0.005)	(0.004)	(0.004)	(0.004)	(0.005)
N	1802	1802	1802	1802	1802
窗格 D：CAR [-10, 10]					
ATT	-0.0169***	-0.0142**	-0.0122**	-0.0122**	-0.0169***
标准误	(0.006)	(0.006)	(0.006)	(0.006)	(0.006)
N	1802	1802	1802	1802	1802

注：***、**、*分别表示在1%、5%和10%水平上显著；括号中的数字为经过White异方差修正标准误；所有模型均未报告常数项。

这比表6-15列（1）的结果要高出0.24%，表明OLS方法的估计结果偏低，但二者的方向是一致的。为了检验结果的稳健性，列（2）~列（5）分别使用了1∶5最邻近匹配、逆加权概率法（IPW）、逆加权概率回归调整法（IPWRA）和回归调整法（RA）等匹配方法，其结果范围是0.78%~0.99%，且都在1%的水平上显著，表明我们的结果是稳健的。

接下来窗格B给出了窗口 [-3, 3] 的结果。1∶3最邻近匹配的结果显示，有明显机会主义倾向的公司的累积异常收益率要额外低出1.1%，比表6-15列（2）的结果略高一些但方向是一致的。其他匹配方法的结果范围在0.74%~1.1%，略高于公告日当天的结果。这与前文的分析结论一致。

窗口［-5，5］的结果报告在窗格 C。结果范围在 1.09% ~ 1.44%。略高于表 6-15 列（3）的结果。窗口［-10，10］的结果列示于窗格 D，累积异常收益率范围在 1.22% ~ 1.69%，同样略高于表 6-15 列（4）的结果。修正样本选择偏误的结果表明，市场对于机会主义的反应随着时间的累积逐渐增加。

四、广义倾向得分匹配结果

以上我们通过倾向得分法纠正了基准结果的偏差，但这仅限于哑变量的情形。接下来我们使用广义倾向得分法针对连续变量进行分析。根据模型的实际情况，我们采取以下处理方法：计算《上市公司股权激励管理办法》规定的价格与行权价格/授予价格的差值，去掉差值为负的样本。因为这些样本相对于其他样本行权难度高，机会主义动机的可能性很小。只保留差值为 0 和正值的样本，即存在明显机会主义行为的样本，这样，数值越大表示机会主义动机越高，市场反应为负且更强烈。

与之前的做法一样，为了避免内生性问题的困扰，这里再次采用广义倾向得分匹配法，修正可能存在的选择性偏误问题。

（一）分数 Logit 回归

表 6-20 报告了行权价格/授予价格选择决定的分数 Logit 回归结果，据此估算出广义倾向得分，为匹配做准备。

表 6-20　　　行权价格/授予价格选择决定的分数 Logit 回归结果

解释变量	理论与实际行权价格差异
账面市值比	-1.029 *** (0.318)
总经理持股比例	0.007 *** (0.003)

解释变量	理论与实际行权价格差异
董事长持股比例	−0.003 (0.003)
第一大股东持股比例	−0.001 (0.004)
企业规模	0.026 (0.051)
资产负债率	−1.367 (0.342)
Log pseudolikelihood	−148.91
观测值	1255

注：***、**、*分别表示在1%、5%和10%水平上显著；括号中的数字为标准误。

（二）平衡条件检验

根据样本中机会主义程度的取值范围，用对应的衡量值除以最大值，将机会主义动机标准化。然后根据标准化的机会主义动机强度选取十分位点、上四分位点、中位数、下四分位点和九十分位点细分样本，上述机会主义动机强度临界值分别为 0.00004、0.00921、0.02373、0.04682 和 0.08192，据其将样本公司从低到高划分为 6 组。接下来是平衡条件检验，结果报告在表 6-21 中。结果表明协变量中绝大部分在处理组和对照组中不显著，很好地满足了平衡性条件。

表 6-21　　　　　行权价格/授予价格平衡条件检验

变量	1	2	3	4	5	6
账面市值比	0.009 (0.510)	−0.027 (−2.480)	−0.025 (−2.871)	0.015 (1.696)	0.030 (2.551)	0.019 (0.976)
总经理持股比例	−2.072 (−1.496)	−1.040 (−1.227)	2.328 (3.462)	0.030 (0.046)	−0.752 (−0.889)	−1.551 (−1.175)

续表

变量	1	2	3	4	5	6
董事长持股比例	-2.147 (-1.430)	0.131 (0.139)	2.016 (2.672)	-0.099 (-0.130)	-2.502 (-2.484)	-1.109 (-0.699)
第一大股东 持股比例	-1.951 (-1.579)	1.501 (1.866)	1.493 (2.307)	0.198 (0.297)	-1.971 (-2.228)	0.295 (0.214)
企业规模	0.201 (2.206)	-0.296 (-4.983)	-0.069 (-1.391)	0.129 (2.453)	0.169 (2.348)	-0.085 (-0.749)
资产负债率	0.044 (2.830)	-0.043 (-4.387)	-0.008 (-0.990)	0.017 (2.029)	0.022 (1.855)	-0.019 (-1.033)

注：括号中的数字为 t 值。

（三）剂量反应函数

资本市场对由行权价格/授予价格反映出的股权激励机会主义信息的剂量反应函数估计，展示在图 6-8 中。剂量反应函数估结果表明，随着机会主义动机的加强，累积异常收益率大部分为负值且逐渐下降。这与前文基准结果是一致的，表明市场投资者不认可由行权价格/授予价格所传递出来的机会主义信息。

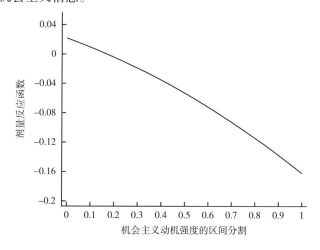

图 6-8　机会主义动机强度的剂量反应函数

五、对行权价格信号传递效应的进一步讨论

我们的研究结果表明，市场捕捉到了管理层在行权价格设定中的机会主义行为，并且给出了相对负面的评价。通常文献对于管理层在行权价格问题上的机会主义择时行为有三种辩解。第一种理由是，董事会在预期股价上涨之前授予期权，这是作为对管理层的一种奖励；第二种理由是，公司之所以会在利好消息公布前不久授予股票期权，是因为这是一种间接授予折价期权（discount options）的方式；最后一个理由是，公司通过在利好消息公布之前授予股票期权，可以作为公司管理层实现纳税节省的一种策略。很显然，无论哪种理由都偏离了股权激励的初衷，这有损于市场对股权激励的期望，因为股权激励本应该对管理层进行激励，而不是变相为管理层发放福利。我们的结果表明投资者不认可这种机会主义行为。

接下来我们将结合雅尔玛（Yermack，1997）、阿博迪和卡斯尼克（Aboody and Kasznik，2000）的研究，进一步讨论股权激励行权价格中的机会主义行为。

雅尔玛（Yermack，1997）最先提出在期权授予日期前后，管理层使用私人信息操纵行权价格问题，并给出了系统的实证研究证据。该研究旨在检验围绕盈余信息公告，管理层选择激励授予时机的机会主义行为，适合于研究没有固定激励授予计划的公司，而非预先有授予计划的公司。研究以 1992～1994 年财富 500 强公司向 CEO 授予的 620 次股票期权为样本，分析结果表明，期权授予后 50 个交易日内的平均异常收益超过 2%，并且趋于稳定后长期地嵌入公司股价中。他将这种与期权激励相关的股价变动现象，解释为管理层通过影响公司薪酬委员会，在有利的收益公告之前授予期权的证据。

阿博迪和卡斯尼克（Aboody and Kasznik，2000）主要关注具有固定激励授予时间计划的公司，探讨 CEO 期权激励是否会影响公司自愿披露的时间。这样做的好处在于能够区分两种不同的机会主义行为，一是在固

定激励日期前后自愿披露信息的时机选择行为（opportunistic timing of voluntary disclosures around award dates），二是在相关信息披露前后授予激励的时机选择行为（opportunistic timing of awards around news announcements）。文章以美国 1992～1996 年 1264 家公司向 CEO 授予的 4426 份股票期权为样本。其中，有 572 家公司都按固定的时间计划授予 CEO 期权，大约占到样本公司数目的一半，一共实施了 2039 次激励，且每年的授予日期几乎相同。使用这些具有固定激励授予时间的公司为样本，检验管理层是否围绕激励授予计划，加速披露坏消息并延迟发布好消息。具体从三个方面展开。

首先，检验 CEO 是否在预定激励授予之前降低了投资者的预期。这是通过检验分析师盈利预测的分布特征变化来完成的。先前的文献证据表明，分析师的预测在很大程度上受到了管理层通过各种渠道所发布的信息的引导。因此，可以通过检验在预定的期权授予之前，分析师所发布的预测是否异常降低来判断是否存在管理层的机会主义行为。为此，他们估计了分析师对样本公司盈利预测误差的经验分布。结果与上述理论分析一致，发现分析师在预定授予前三个月发布的预测与其他月份对同一公司发布的预测相比，分析师乐观偏差要小得多。

其次，通过检验激励授予日期前后的股价变动，推断是否存在 CEO 左右投资者预期的行为。结果发现股票的异常收益率在授予前和授予后存在显著的差异。在授予前表现为负异常收益率但不显著，而授予后的异常收益却显著为正。

最后，将样本范围缩小至在授予计划前几天做出盈余公告的公司。这是基于以下考虑：由于经理们在盈余公告前比在此之后拥有更多的私人信息，因而可以推断在盈余公告前授予期权的 CEO 有更大的机会采用自愿披露的策略来最大化他们的激励价值。具体而言，这些 CEO 更倾向于主动预告负面的非预期收益，而不是正面的非预期收益。这种披露策略增加了授予激励之前与坏消息相关的股价下跌的可能性，也增加了授予激励之后与好消息相关的股价上涨的可能性。实证结果表明，在盈余公告之前按预定计划授予激励的公司，在公告前三个月内具有显著为负的异常收益，而在公告日具有显著为正的异常收益。这表明，在盈余公告之前获得期权授予的 CEO 发布坏消息预测的可能性，要显著高于发布盈余公告后获得授予的 CEO 发布好消息预测的可能性。为了使该结果更有说服力，他们以那些没有固定授予计划的公司为样本，重新复制上述检验。结果与那些定期进行激励授予的公司形成了鲜明的对比。没有任何证据表明，那些没有固定授予计划的公司，在授予激励之前股价出现明显的下跌，同时，在授予激励之后股价也没有出现显著的上涨。这进一步证实了股权激励计划实施过程中存在经理人机会主义的披露策略。

这两篇文献丰富了我们对股权激励实施过程中，经理人机会主义行为的理解。本书在此基础上，通过行权价格与授予激励前股票价格的差异作为经理人机会主义的代理变量，更直接地测量了经理人机会主义行为的程度，加深了对该问题的认识。

第七章

股权激励公告后的股价漂移异象

有效市场假说认为，资本市场对公开披露的信息能够做出迅速的反应，对股票交易行为的影响是暂时性的，股票价格在短期内达到均衡，能够充分反映相关的信息。然而行为金融理论认为，由于存在交易成本、投资者的预期偏差等，所以资本市场是不完全的，公告信息无法充分及时地反映到股票价格中。具体表现为：事件公告之后，股价会持续反映一段时间。文献将这种事件公告后股票价格延迟的现象称为股价漂移异象（布朗，2021）。

股权激励实施的最终目标是以提高公司业绩为导向。因而，实施股权激励预示着公司未来盈余持续良好的表现。而关于盈余公告的研究表明，盈余公告之后相当长的一段时期内，事件公司的累积异常收益率存在持续上升或下降的现象（Ball and Brown，1968；Foster，1977），证实了与盈余信息相关的股价漂移异象是存在的。由此，我们提出的问题是，市场投资者是否会根据股权激励公告预测到异常收益？换言之，投资者是否可能在公告后，采取购入"股权激励"公司股票、卖空"非股权激励"公司股票的套利策略，构造获得超额收益的投资组合？

基于上述考虑，本章将探讨两个问题。一是对于股权激励公告，是否存在股价漂移异象的证据？资本市场是否对股权激励草案披露的信息反应不足？二是在证实第一个问题的基础上，探讨异常现象可能的成因。

本章从一个更长的时间段（1～6年）对股权激励草案公告后，公司的长期表现进行分析；对2006年之后实施股权激励公司的长期异常收益率做出估计。具体采用两种主流的估计方法，一是基于公司特征匹配的BHAR法，二是基于日历时间投资组合的Jensen-alpha法。

第一节　基于公司特征匹配的 BHAR 法的长期事件研究

基于公司特征匹配的买入并持有异常收益法（buy and hold abnormal returns，BHAR）是近年来用于估计重大公司事件后，公司股价长期表现的一种方法。该方法基于公司的特征（通常使用企业规模和账面市值比）匹配与之最接近的参照公司，估计预期异常收益。该方法具有接近投资者的实际投资经验的特点。具体的做法是，买入并持有经历过相关事件的公司股票，并在预先规定的持股期结束时出售该公司的股票，将事件公司股票的平均收益和相匹配的非事件公司股票的平均收益进行比较。该方法目前多用于识别公司重大决策后（例如并购、SEO和股票回购等）长时期内股票的系统性定价问题。本研究将其用于评估股权激励后长期的信号传递问题。

一、基于公司特征匹配的 BHAR 法计算说明

我们参照米切尔和斯塔福德（Mitchell and Stafford，2000）的方法，通过对每个事件样本公司，在同一行业、同一年（草案公布前一年）根据公司规模和账面市值比（M/B）匹配与之最接近的非事件公司作为参照基准。具体而言，按式（7-1）进行计算：

$$BHAR_i = \left[\prod_{t=1}^{T} (1 + R_{i,t}) - 1 \right] - \sum_{j=1}^{N_j} \omega_j \left[\prod_{t=1}^{T} (1 + R_{j,t}) - 1 \right]$$

$$(7-1)$$

其中，$R_{i,t}$ 表示实施股权激励的公司 i 的股票月收益率，$R_{j,t}$ 表示与公司 i 相匹配的公司 j 的股票月收益率，一共有 N_j 个相匹配的公司。$\prod_{t=1}^{T} (1 + R_{i,t}) - 1$ 表示公司 i 在股权激励草案公布一个月后开始到第 T 个月的购买并持有收益率（buy and hold returns，BHR）。同理，$\prod_{t=1}^{T} (1 + R_{j,t}) - 1$ 表示匹配公司 j 的持有并购买收益率，然后进一步按照权重 ω_j 对这 N_j 家匹配公司进行加权，我们分别按照等权重和市场价值权重加权计算，其中，在市场权重计算上，进一步细分为月个股流通市值权重和月个股总市值权重。

在时间段的选择上，分别按照公司股权激励草案公布后的 1 ~ 6 年，即从 12 个月、24 个月、36 个月、48 个月、60 个月和 72 个月选取。

在式（7-1）的基础上，进一步计算出平均的买入并持有异常收益率：

$$\overline{BHAR} = \sum_{i=1}^{N_i} \omega_i BHAR_i \qquad (7-2)$$

其中，N_i 表示买入并持有的股权激励投资组合数量，ω_i 表示其权重，分别按照等权重和市场价值权重计算。

基于公司特征匹配的 BHAR 方法，避免了传统的以市场组合收益率为参照的 BHAR 法。传统的做法以整个市场组合收益率作为投资参考组合（reference portfolio），并且只使用等权重方法加权。其缺点有二：

第一，再平衡偏误（rebalancing bias）。这种构造投资组合回报的方法假设每月重新平衡以保持相等的权重，受到买卖反弹（bid-ask bounce）和非同步交易（nonsynchronous trading）影响，它将导致投资参考组合长期回报偏高。

第二，新上市企业偏误（new listing bias）。传统的市场组合中不可避免地包含了新上市的公司，里特（Ritter，1991）指出新上市公司的表现低于同等权重的市场指数，故将导致对参考投资组合长期回报的低估。

本研究采用的方法避免了上述缺点，在匹配样本时，剔除了当年新上市的公司，并且采用了市场权重对匹配公司进行加权。

二、基于偏度调整的 t 统计量检验

检验长期股票异常收益率的常用方法通常存在错误设定问题，导致经验拒绝水平超过理论拒绝水平。尤其是长期股票异常收益的分布呈正偏态，会产生偏度偏误（skewness biases），这导致估计结果出现负偏差。虽然本研究避免了传统方法的再平衡偏误和新上市偏误问题，但仍然无法避免偏度偏误。基于这种考虑，本研究借鉴里昂等（Lyon et al，1999）的研究，使用偏度调整的 t 统计量方法控制长期异常收益检验中的偏度偏误问题。

（一）传统 t 统计量（conventional t-statistic）

基于前文界定的符号，BHAR 的传统 t 统计量可以表示为：

$$t = \frac{\overline{BHAR}}{\sqrt{\mathrm{var}(BHAR_i)}\,/\,\sqrt{N_i}} \tag{7-3}$$

其中，$\sqrt{\mathrm{var}(\overline{BHAR_i})}$ 是持有的投资组合异常收益率的标准差。

巴伯和里昂（Barber and Lyon，1997）证明了 BHAR 分布呈正偏态，进而出现 t 统计量的负偏差。这导致左尾检验的显著性水平过高，报告的 p 值比实际的要低，同时导致右尾检验损失功效，报告的 p 值比实际的偏高。

（二）自举法偏度调整的 t 统计量（bootstrapped skewness-adjusted t-statistic）

首先构建偏度调整的 t 统计量（skewness-adjusted t-statistic）：

$$t_{sa} = \sqrt{N_i}\left(S + \frac{1}{3}\hat{\gamma}S^2 + \frac{1}{6n}\hat{\gamma}\right) \tag{7-4}$$

其中,

$$S = \frac{\overline{BHAR}}{\sqrt{\mathrm{var}(BHAR_i)}}$$

偏度的估计值是:

$$\hat{\gamma} = \frac{\sum_{i=1}^{N_i}(BHAR_i - \overline{BHAR})^3}{N_i\left(\sqrt{\mathrm{var}(BHAR_i)}\right)^3}$$

进一步把自举法(bootstrapped)应用于偏度调整的 t 统计量。具体而言,从原始股权激励投资组合中重复抽取 b 次经验样本,每次抽取的经验样本量为 N_b。在每次抽样后计算一次 t_{sa},共得到 b 个值,据此计算得到 t_{sa}^b。然后,设置 $N_b = N_i/2$,$b = 1000$,最大限度地消除偏度偏误问题。

表 7-1 分别用三种加权方法计算了 BHAR 在 6 年内的传统 t 统计量和基于自举法偏度调整的 t 统计量(bootstrapped skewness-adjusted t-statistic),同时也估计了行业聚类的 t 统计量(industry cluster adjusted t-statistic)作为参照。

表 7-1　　　　　　　　　　　　BHAR 的 t 统计量检验

加权方法	持续时间					
	1 年	2 年	3 年	4 年	5 年	6 年
窗格 A:等权重 BHAR						
conventional t-statistic	6.649	5.571	5.470	4.896	3.159	3.942
industry cluster adjusted t-statistic	6.23	5.05	4.294	4.874	3.373	3.699
bootstrapped skewness-adjusted t-statistic	9.592	8.615	6.710	5.924	3.259	5.049

续表

加权方法	持续时间					
	1 年	2 年	3 年	4 年	5 年	6 年
窗格 B：流通市值权重 BHAR						
conventional t-statistic	2. 197	2. 934	2. 372	1. 446	− 0. 514	0. 531
industry cluster adjusted t-statistic	2. 019	2. 929	2. 257	1. 348	− 0. 485	0. 457
bootstrapped skewness-adjusted t-statistic	3. 787	4. 935	2. 592	2. 088	− 0. 567	0. 452
窗格 C：总市值权重 BHAR						
conventional t-statistic	2. 215	6. 320	2. 119	1. 548	− 0. 602	1. 213
industry cluster adjusted t-statistic	2. 189	4. 669	2. 431	1. 476	− 0. 561	1. 033
bootstrapped skewness-adjusted t-statistic	3. 849	4. 035	1. 989	2. 171	− 0. 790	1. 312

结果发现传统 t 统计量普遍小于偏度调整的 t 统计量，表明传统 t 统计量存在负向偏差，对 p 值存在高估。基于行业聚类的 t 统计量也存在类似的结果。因而本研究采取偏度调整的 t 统计量来评估股权激励后股价的长期表现。

三、事件公司股价的长期表现

本节我们列出了股权激励草案公布后 1 ～ 6 年内事件公司与匹配公司的持有并购买收益率（BHR）及二者的差异 BHAR，同时给出了用 bootstrapped 计算的偏度调整的 t 统计量。在给出全部样本结果的同时，我们还进一步按照激励标的物进行了分类统计。按照前文的定义，我们分别按照等权重、流通市值权重和总市值权重法计算 BHR 及 BHAR。

按照等权重法（见表 7 - 2），股权激励草案公布 1 年后，持有股权激励投资组合的累积收益率相对于匹配公司投资组合要高 14.5%，在 1% 的水平上显著。进一步按照标的物划分，股票期权投资组合的 BHAR 最高，

为15.3%，在1%的水平上显著；同时实施股票期权和限制性股票组合的
BHAR最低，为11%，在5%的水平上显著。进一步看第2~6年的结果，
事件公司的BHAR一直显著为正，按照等权重法，BHAR分别为24.8%、
26.6%、30.9%、21.3%和48.8%，总体上呈现出逐年递增的趋势。从标
的物分类来看，限制性股票的BHAR范围为14.3%~64%，明显高于股
票期权和两者兼有的情况。

表7-2　事件公司及其按规模和 B/M 匹配的公司的 BHR 与 BHAR（等权法）

股权激励标的物	样本量	等权重			
		事件公司	匹配公司	BHAR	偏度调整 t 值
窗格 A：1 年后					
全样本	1212	1.250	1.104	0.145***	9.592
股票期权	309	1.305	1.160	0.143***	4.182
限制性股票	762	1.222	1.067	0.153***	8.145
二者兼有	141	1.287	1.180	0.110**	2.241
窗格 B：2 年后					
全样本	1024	1.529	1.280	0.248***	8.615
股票期权	265	1.548	1.297	0.250***	4.976
限制性股票	643	1.400	1.217	0.184***	5.120
二者兼有	116	2.194	1.587	0.594***	3.507
窗格 C：3 年后					
全样本	850	1.629	1.350	0.266***	6.710
股票期权	223	1.778	1.473	0.270***	3.475
限制性股票	537	1.467	1.225	0.245***	5.281
二者兼有	90	2.212	1.787	0.383**	2.231
窗格 D：4 年后					
全样本	675	1.770	1.453	0.309***	5.924
股票期权	192	1.279	1.171	0.108***	3.870
限制性股票	420	1.307	1.016	0.291***	4.498
二者兼有	71	3.057	3.003	0.054	1.021

续表

股权激励标的物	样本量	等权重			
		事件公司	匹配公司	BHAR	偏度调整 t 值
窗格 E：5 年后					
全样本	516	1.876	1.625	0.213 ***	3.259
股票期权	169	2.206	1.967	0.131	0.954
限制性股票	297	1.610	1.383	0.230 ***	3.227
二者兼有	50	2.301	1.905	0.397 *	1.641
窗格 F：6 年后					
全样本	424	2.233	1.743	0.488 ***	5.049
股票期权	160	2.266	1.891	0.367 **	2.043
限制性股票	218	2.209	1.572	0.640 ***	4.678
二者兼有	46	2.228	2.037	0.191	0.725

注：***、**、* 分别表示在 1%、5% 和 10% 水平上显著。

按照流通市值或总市值权重衡量的结果与等权法类似（见表 7-3 和 7-4）。总体上看，BHAR 在事件后 4 年内一直显著为正，其中，第 1 年、第 2 年和第 4 年的 BHAR 都在 20% 以上，第 3 年略低，约为 13%，但在第 5 年和第 6 年，事件公司与匹配公司的购买并持有收益率没有显著差异。具体到标的物，限制性股票在 4 年内的 BHAR 一直显著且最高，在第 6 年高达 56%~64%。股权期权的超额收益率至少维持 2 年。

表 7-3   事件公司及其按规模和 B/M 匹配的公司的 BHR 与 BHAR（流通市值权重）

股权激励标的物	样本量	流通市值权重			
		事件公司	匹配公司	BHAR	偏度调整 t 值
窗格 A：1 年后					
全样本	1224	1.285	1.069	0.216 ***	3.787
股票期权	311	1.236	1.124	0.112 ***	2.721
限制性股票	771	1.246	0.953	0.293 ***	3.150
二者兼有	142	1.605	1.577	0.029	0.393

续表

股权激励标的物	样本量	流通市值权重			
		事件公司	匹配公司	BHAR	偏度调整 t 值
窗格 B：2 年后					
全样本	1036	1.374	1.141	0.232 ***	4.935
股票期权	269	1.564	1.319	0.245 ***	2.921
限制性股票	649	1.190	0.981	0.209 ***	2.839
二者兼有	118	1.951	1.619	0.333 ***	2.649
窗格 C：3 年后					
全样本	864	1.291	1.165	0.126 ***	2.592
股票期权	232	1.423	1.211	0.213 *	1.942
限制性股票	541	1.089	0.940	0.149 ***	3.151
二者兼有	91	2.148	2.384	− 0.236	− 1.511
窗格 D：4 年后					
全样本	683	1.481	1.266	0.215 **	2.088
股票期权	192	1.279	1.171	0.108	1.133
限制性股票	420	1.307	1.016	0.291 *	1.892
二者兼有	71	3.057	3.003	0.054	0.227
窗格 E：5 年后					
全样本	523	1.375	1.434	− 0.059	− 0.567
股票期权	175	1.580	1.707	− 0.127	− 0.522
限制性股票	298	1.253	1.174	0.079	0.979
二者兼有	50	1.386	2.029	− 0.643 *	− 1.921
窗格 F：6 年后					
全样本	427	1.888	1.752	0.137	0.452
股票期权	162	1.881	1.842	0.040	− 0.032
限制性股票	219	2.209	1.572	0.640 **	2.374
二者兼有	46	1.646	2.852	− 1.206 **	− 2.127

注：*** 、 ** 、 * 分别表示在 1% 、5% 和 10% 水平上显著。

表7－4　　事件公司及其按规模和 B/M 匹配的公司的 BHR 与 BHAR（总市值权重）

股权激励标的物	样本量	总市值权重			
		事件公司	匹配公司	BHAR	偏度调整 t 值
窗格 A：1 年后					
全样本	1224	1.302	1.069	0.257 ***	3.849
股票期权	311	1.261	1.122	0.137 ***	2.998
限制性股票	771	1.295	0.952	0.350 ***	3.217
二者兼有	142	1.430	1.582	0.013	0.169
窗格 B：2 年后					
全样本	1036	1.359	1.142	0.237 ***	6.320
股票期权	269	1.602	1.316	0.331 ***	4.092
限制性股票	649	1.176	0.981	0.194 ***	4.006
二者兼有	118	1.810	1.632	0.258 *	1.875
窗格 C：3 年后					
全样本	864	1.321	1.165	0.128 ***	1.989
股票期权	232	1.442	1.204	0.126	0.705
限制性股票	541	1.145	0.943	0.162 ***	2.719
二者兼有	91	2.055	2.382	− 0.074	− 0.422
窗格 D：4 年后					
全样本	683	1.464	1.266	0.210 **	2.171
股票期权	192	1.404	1.161	0.039	0.164
限制性股票	420	1.324	1.017	0.323 **	2.420
二者兼有	71	2.455	3.016	0.002	0.065
窗格 E：5 年后					
全样本	523	1.417	1.431	− 0.102	− 0.79
股票期权	175	1.666	1.702	− 0.390	− 1.123
限制性股票	298	1.288	1.174	0.110	1.318
二者兼有	50	1.313	2.015	− 0.359	− 1.522
窗格 F：6 年后					
全样本	427	1.976	1.756	0.272	1.213
股票期权	162	2.056	1.839	0.153	0.27
限制性股票	219	2.018	1.465	0.560 ***	2.654
二者兼有	46	1.491	2.848	− 0.674 *	− 1.801

注：***、**、* 分别表示在1%、5%和10%水平上显著。

以上结果表明，实施股权激励的公司在草案公布后，股价出现了漂移异象，保守地看，异象持续时间至少 2 年。若按照等权法计算，异象则持续了 6 年之久。这构成了与半强形式有效市场假说相矛盾的证据。有效市场假说认为，市场参与者得知公司实施股权激励的信息后，股价在经历了短期的调整后，不会再进一步调整，除非有新的影响未来盈余的信息出现。综合以上分析，股价漂移异象的证据很有说服力，接下来我们从股权激励草案披露的文本内容角度探讨其成因。

四、基于激励有效期的分析

这一部分我们从激励有效期的角度分析股价漂移持续时间。保守地看，股权激励传递的信息存续时间至少为 2 年。如何解释这一现象？我们知道股权激励是有时效限制的，即有效期，不同激励方案的有效期存在差异。在激励有效期内，管理者和核心员工有完成目标任务的约束，因而公司的盈利是有保障的。市场投资者会据此形成利好的预期，进而表现在股票的长期收益上。但为什么这些信息没有在公告日附近完全被市场消化，而是出现了至少 2 年的延后传递现象？以本研究的样本为例，所有纳入分析的样本中有效期的分布如表 7 - 5 所示。可以看出，有效期以 4 ~ 5 年为主，占到样本总量的 83% 以上。

表 7 - 5　　　　　　　　　　股权激励有效期分布

激励有效期	样本量（份）	占比（%）
≤3 年	141	4.93
4 年	1462	51.10
5 年	926	32.37
≥6 年	332	11.60
合计	2861	100

本部分我们试图探讨激励方案有效期是否有助于形成市场的长期预

期，分别基于有效期小于 3 年（含）、4 年、5 年和 6 年以上（含）进行划分。表 7 - 6 报告了分析结果。以等权重法计算的结果表明，有效期小于 3 年（含）的样本 BHAR 只有在第 1、第 4 和第 6 年显著，该结果可能与样本量偏少有关。有效期为 4 年、5 年和 6 年以上（含）的样本绝大部分都显著，BHAR 的数值范围分别为 14.6% ~ 28.69%、11.16% ~ 68.58% 和 15.03% ~ 44.83%。平均而言，有效期为 5 年的样本收益率最高。

表 7 - 6   股权激励有效期与 BHAR

组合特征	激励有效期					
	≤3 年			4 年		
	等权重	流通市值	总市值	等权重	流通市值	总市值
窗格 A：1 年后						
BHAR	0.1412	0.1008	0.1213	0.1460	0.2565	0.2984
偏度调整 t 值	2.6477	1.7683	2.4302	7.8600	2.6256	2.5208
样本量	98	99	99	738	744	744
窗格 B：2 年后						
BHAR	0.1409	0.0906	0.1752	0.2318	0.1698	0.1854
偏度调整 t 值	1.4833	0.5044	1.2638	6.7701	4.4285	4.7077
样本量	73	74	74	629	636	636
窗格 C：3 年后						
BHAR	- 0.0434	0.5465	0.4270	0.2284	0.0275	0.0640
偏度调整 t 值	- 0.3345	1.7292	1.8161	5.1155	0.4965	0.8151
样本量	50	52	52	551	557	557
窗格 D：4 年后						
BHAR	0.6157	2.8546	2.5158	0.2296	0.0245	0.0334
偏度调整 t 值	2.0039	1.7055	1.7030	3.6736	0.3026	0.3354
样本量	36	37	37	438	444	444
窗格 E：5 年后						
BHAR	0.3199	0.8025	0.4920	0.1923	- 0.2135	- 0.3004
偏度调整 t 值	1.2849	1.3141	1.1723	2.4128	- 1.9400	- 1.6361
样本量	23	24	24	314	316	316

续表

组合特征	激励有效期					
	≤3 年			4 年		
	等权重	流通市值	总市值	等权重	流通市值	总市值
窗格 F：6 年后						
BHAR	0.9353	1.8859	1.6337	0.2869	-0.3999	-0.1928
偏度调整 t 值	2.4768	1.6966	2.1454	2.4062	-1.8780	-0.9983
样本量	20	21	21	243	245	245

组合特征	激励有效期					
	5 年			≥6 年		
	等权重	流通市值	总市值	等权重	流通市值	总市值
窗格 A：1 年后						
BHAR	0.1116	0.0548	0.0845	0.1936	0.3605	0.3776
偏度调整 t 值	3.5107	1.0521	1.9588	4.2128	3.0576	3.9104
样本量	403	408	408	123	124	124
窗格 B：2 年后						
BHAR	0.4011	0.1830	0.1956	0.2862	1.0059	0.7603
偏度调整 t 值	4.6579	2.9221	3.3608	3.3041	2.1187	2.3753
样本量	346	351	351	101	102	102
窗格 C：3 年后						
BHAR	0.4300	0.0848	0.0886	0.3127	0.2591	0.2686
偏度调整 t 值	4.3757	0.8784	0.7876	2.8027	1.3279	1.0861
样本量	264	270	270	83	84	84
窗格 D：4 年后						
BHAR	0.4243	0.2069	0.2134	0.1990	-0.1396	-0.1423
偏度调整 t 值	3.8716	1.9365	2.2520	1.8139	-1.3017	-1.4850
样本量	218	220	220	61	61	61
窗格 E：5 年后						
BHAR	0.3319	0.1313	0.2184	0.1503	-0.5705	-0.4059
偏度调整 t 值	2.4031	0.5093	1.1589	1.0968	-1.6559	-1.6193
样本量	180	184	184	56	56	56

续表

组合特征	激励有效期					
	5 年			≥6 年		
	等权重	流通市值	总市值	等权重	流通市值	总市值
窗格 F: 6 年后						
BHAR	0.6858	0.4392	0.6427	0.4483	0.0329	0.0806
偏度调整 t 值	3.3441	0.5701	1.1846	3.5208	0.1350	0.4732
样本量	160	160	160	54	54	54

按照市场权重加权的结果表明，有效期小于 3 年（含）的样本 BHAR 大部分年份都显著，但数值明显偏高，可能与样本量代表性不足有关。有效期为 4 年、5 年和 6 年以上（含）的样本只有不到一半的年份显著，主要集中于前两年。流通市值法 BHAR 的数值范围分别为 16.98% ~ 25.65%、5.48% ~ 18.3% 和 36.05% ~ 100.59%。总市值法 BHAR 的数值范围分别为 18.54% ~ 29.84%、8.45% ~ 19.56% 和 37.76% ~ 76.03%。平均而言，有效期为 6 年以上（含）的样本收益率最高。

综合看来，在各类有效期内，无论采用哪种加权计算方法，BHAR 在 1~2 年内显著为正。3 年后，只有有效期小于 3 年（含）和 4 年的样本 BHAR 在第 4 年才显著为正。第 5 年后，BHAR 大部分不显著。

我们发现股权激励传递的信号存续时间与有效期存在某种程度的重合。在激励有效期内市场投资者有较高的预期，即草案公布的有效期信息参与塑造了长期市场预期的形成，但时间维持在 2 年之内。这里我们给出了一种解释，市场参与者处理信息的能力是有限的，需要等到未来盈余实现后再更新对股票未来收益概率分布的预测，进一步调整投资策略。这是股价延迟的成因。在我们的样本中，几乎所有的激励有效期都超过了 2 年，投资者通过对前 2 年内公司表现的学习和了解，能够对未来盈余做出更准确的判断，使股价达到均衡状态，因而之后的异常收益率逐步消失。

五、股权激励的长期信号传递效应

上一部分的分析表明股权激励传递的信息被投资者完全消化吸收需要一定的时间，因而出现了价格反映延迟现象。这一部分我们继续根据业绩考核指标来分析引起股权激励信号传递长期效应的机制。根据前文的分析结果可知，BHAR 显著的时间至少维持在 2 年之内，故本部分把样本时间限制在公告后的 2 年内。

我们首先计算样本公司各类业绩考核指标的四分位数；然后在每个指标下按照分位数区间将样本分成 4 个套期投资组合，即看多股权激励公司、看空与之匹配的非股权激励公司；最后观测各个考核指标分位数区间上的投资组合在草案公告后的价格漂移情况。

（一）净资产收益率业绩考核指标与股价漂移异象

首先计算样本企业净资产收益率业绩考核指标的四分位数，根据三个分位点将样本划分为 4 个投资组合，分别是上四分位数以下区间、上四分位数至中位数区间、中位数至下四分位数区间和下四分位数以上区间；然后计算各个区间对应投资组合的 BHAR，结果如表 7 – 7 所示。我们看到，上四分位数至中位数区间和中位数至下四分位数区间的投资组合在公告后的 2 年内存在显著的价格漂移异象。上四分位数以下区间投资组合不存在价格漂移的证据。下四分位数以上区间的投资组合在第二年存在价格漂移。从数值上看，随着净资产收益率指标的提高，BHAR 也随之提高。按等权重加权法，1 年后 BHAR 在净资产收益率的四个分位数区间的值分别为 7.3%、12.8%、13.6% 和 13%，2 年后的结果由最低分位数区间的 20.2% 增加到最高分位数区间的 24.5%。流通市值加权和总市值加权也呈现出类似的结果。

表7-7 净资产收益率业绩考核指标与BHAR

组合特征	股权激励公布后时间					
	1年后			2年后		
	等权重	流通市值	总市值	等权重	流通市值	总市值
窗格A：上四分位数以下						
BHAR	0.073	0.067	0.04	0.202	0.074	0.075
偏度调整t值	1.269	0.511	0.426	1.7	0.621	0.689
样本量	96	97	97	80	81	81
窗格B：上四分位数至中位数						
BHAR	0.128	0.046	0.113	0.467	0.133	0.240
偏度调整t值	2.299	1.364	2.099	4.204	1.045	2.237
样本量	70	70	70	68	68	68
窗格C：中位数至下四分位数						
BHAR	0.136	0.191	0.156	0.217	0.510	0.372
偏度调整t值	1.945	2.791	2.335	1.517	3.552	3.425
样本量	83	83	83	80	81	81
窗格D：下四分位数以上						
BHAR	0.13	0.345	0.317	0.245	3.067	1.992
偏度调整t值	1.491	1.23	1.381	0.988	2.055	2.164
样本量	32	33	33	29	32	32

　　通过上述结果可以看出，基于不同的净资产收益率业绩指标构造的投资组合，市场对其价格反映延迟程度存在差异。这里我们给出一个可能的解释，股票价格能否及时反映股权激励信息取决于净资产收益率业绩指标对未来盈余的影响。对于最低净资产收益率指标区间的投资组合，由于其行权难度低，未来利润增长不会出现异常波动，因而市场参与者的预期在随后的时间内一直保持平稳。换言之，在公告日附近投资组合很快实现再平衡，未来不会出现大的价格波动。对于中间两个区间的投资组合而言，净资产收益率考核指标相对提高，未来实现的潜力存在一定程度的不确定性。市场参与者在事件日附近做出反应后，出于规避风险的考虑，以及预测所需信息成本的提高，不会对投资行为做进一步调整，而是等到未来业

绩公告后再调整预期。由于中间两个区间的业绩指标不是难以企及的，因而大部分企业还是能够实现的，所以盈余会随着时间的推移而提高，这时投资者重新调整预期，实现了投资组合的再平衡，从而造成了股价的漂移现象。

同时可以看出，在同一区间，随着年份的推移，BHAR 也逐渐增加。这表明，净资产收益率考核指标向市场传递了一个至少 2 年之久的可信信号，较高的净资产收益率业绩指标意味着良好的可持续的盈余预期，但市场参与者由于风险规避和信息交易成本的阻碍，股价反映延迟了，但延迟程度因净资产收益率业绩指标而异。总体上，价格漂移程度随着净资产收益率指标的增加而增加。

（二）利润增长率业绩考核指标与股价漂移异象

使用同样的分位数方法，将样本按照利润增长率业绩考核指标划分为 4 个子样本。表 7 - 8 展示了四个分位数区间的 BHAR，可以看出，在出现股价漂移异象的投资组合中，利润增长率指标高的组合要比低的组合获得更高的超额回报，并且随着时间推移二者的差距逐步扩大。按照等权重、流通市值权重和总权重，1 年后 BHAR 从利润增长率的下四分位数区间到上四分位数区间的变化范围分别是 6.7% ~21.8%、4.1% ~19% 和 11.7% ~20.3%，两年后的对应的 BHAR 分别为 20.7% ~42.9%、22.2% ~13% 和 18.6% ~22.9%。除了用流通市值权重计算的投资组合的个别结果不显著之外，其余的都显著。这表明利润增长率指标向市场传递的信息没有被投资者充分解读，如同净资产收益率指标一样，市场参与者对于较高的利润增长率业绩指标的解读存在滞后性，这是由于基于利润增长率业绩指标在预测未来盈余时存在不确定性所导致。

（三）销售收入增长率业绩考核指标与长期信号传递

销售收入增长率业绩考核指标区间与 BHAR 的关系见表 7 - 9。可以发现，无论采用哪种加权方法，1 年后股权激励公司和与之匹配的非股权

表 7 - 8　　　　　　　　　　　利润增长率业绩考核指标与 BHAR

组合特征	激励有效期					
	1 年后			2 年后		
	等权重	流通市值	总市值	等权重	流通市值	总市值
窗格 A：上四分位数以下						
BHAR	0.067	0.041	0.117	0.207	0.222	0.186
偏度调整 t 值	2.212	0.847	1.824	3.221	2.593	2.527
样本量	256	258	258	204	208	208
窗格 B：上四分位数至中位数						
BHAR	0.149	0.083	0.125	0.273	0.204	0.216
偏度调整 t 值	3.996	2.568	3.419	4.685	2.920	3.065
样本量	307	310	310	268	274	274
窗格 C：中位数至下四分位数						
BHAR	0.208	0.091	0.108	0.206	0.157	0.122
偏度调整 t 值	4.552	0.862	1.493	2.371	2.536	1.799
样本量	172	172	172	159	159	159
窗格 D：下四分位数以上						
BHAR	0.218	0.190	0.203	0.429	0.130	0.229
偏度调整 t 值	6.934	4.416	5.125	3.183	2.089	3.084
样本量	237	240	240	208	209	209

激励公司之间的收益率差异在统计上基本不具有显著性。但 2 年后这一差异变得非常明显，等权重法加权的 BHAR 从下四分位数区间到上四分位数区间依次为 31.1%、101.6%、39.2% 和 34.7%，总体上呈现上升趋势。流通市值加权法的 BHAR 由 21.2% 上升到 97.2%，总市值加权法由 24.1% 增加到 60.7%，但在不同区间，数值波动较大。这表明销售收入增长率业绩指标所传递的信息要经过较长的时间（1 年以上）才能被市场完全吸收。同时，可以看出销售收入增长率指标与 BHAR 的关系没有呈现出明显的规律趋势，不同于利润业绩指标。

表7-9　　　　　　销售收入增长率业绩考核指标与 BHAR

组合特征	激励有效期					
	1 年后			2 年后		
	等权重	流通市值	总市值	等权重	流通市值	总市值
窗格 A：上四分位数以下						
BHAR	0.08	0.078	0.217	0.311	0.212	0.241
偏度调整 t 值	1.68	1.061	1.781	3.223	2.566	3.012
样本量	126	127	127	91	91	91
窗格 B：上四分位数至中位数						
BHAR	0.032	0.03	0.019	1.016	0.308	0.334
偏度调整 t 值	0.66	0.483	0.292	2.260	2.246	2.616
样本量	87	87	87	70	71	71
窗格 C：中位数至下四分位数						
BHAR	0.142	0.072	0.089	0.392	0.122	0.177
偏度调整 t 值	1.04	0.788	0.963	3.250	1.733	2.257
样本量	87	89	89	72	75	75
窗格 D：下四分位数以上						
BHAR	0.157	0.136	−0.044	0.347	0.972	0.607
偏度调整 t 值	2.965	1.321	−0.341	3.370	1.585	1.502
样本量	90	90	90	77	78	78

（四）行权价格/授予价格与长期信号传递

从长期看行权价格/授予价格反映了行权的难易程度。这里使用《上市公司股权激励管理办法》规定的最低价格与实际行权价格/授予价格的差异来衡量行权的难易程度。从低到高划分为四个区间，结果见表7-10。结果表明，1 年后，以等权法计算的 BHAR 在四个行权难度从高到低的区间依次为 13.5%、16.6%、14.1% 和 17.5%，总体呈现出上升的趋势。

流通市值/总市值加权法的结果也表现一致，从行权最难区间的10.9%和10.3%增加到行权难度最低的21.5%和34.3%。2年后，以市值法加权的BHAR有了更大的增幅，由下四分位数区间的20%和22.1%增加到上四分位数区间的59.9%和49.7%。

表7-10   行权价格/授予价格与BHAR

组合特征	激励有效期					
	1 年后			2 年后		
	等权重	流通市值	总市值	等权重	流通市值	总市值
窗格 A：上四分位数以下						
BHAR	0.135	0.109	0.103	0.230	0.200	0.221
偏度调整 t 值	3.544	2.754	2.355	4.304	2.329	3.079
样本量	269	271	271	238	242	242
窗格 B：上四分位数至中位数						
BHAR	0.166	0.492	0.58	0.200	0.12	0.186
偏度调整 t 值	6.289	1.958	1.950	2.964	1.726	2.503
样本量	298	300	300	237	237	237
窗格 C：中位数至下四分位数						
BHAR	0.141	0.140	0.140	0.178	0.099	0.112
偏度调整 t 值	3.371	3.277	3.578	2.918	2.269	2.433
样本量	297	299	299	245	248	248
窗格 D：下四分位数以上						
BHAR	0.175	0.215	0.343	0.235	0.599	0.497
偏度调整 t 值	4.712	2.13	3.817	3.682	2.079	2.743
样本量	186	190	190	164	166	166

由于股票期权和限制性股票在行权时的实际操作方式导致行权难易程度有所差别。股票期权形式的激励需要激励对象自筹资金购入股票后才能行权，如果金额巨大，会给激励对象带来巨大的困境，而相关法律不允许公司为激励对象筹集资金，导致实际操作中行权意愿受阻，从而激励效果大打折扣。相比较而言，限制性股票可以为激励对象节省一大笔购买股票的成本。因而行权价格与授予价格的激励效果是存在差异的。

基于上述分析，我们将样本进一步细分为股票期权样本和限制性股票样本，分别检验行权价格/授予价格导致的行权难易程度向市场传递信号的效应。结果分别报告在表 7-11 和表 7-12。

表 7-11　　　　　　　　　股票期权行权价格与 BHAR

组合特征	激励有效期					
	1 年后			2 年后		
	等权重	流通市值	总市值	等权重	流通市值	总市值
窗格 A：上四分位数以下						
BHAR	0.109	0.043	0.082	0.103	-0.141	-0.041
偏度调整 t 值	1.708	0.481	1.101	1.001	-0.979	-0.272
样本量	87	87	87	78	78	78
窗格 B：上四分位数至中位数						
BHAR	0.167	0.138	0.116	0.311	0.309	0.334
偏度调整 t 值	3.007	2.698	1.586	4.448	3.427	4.151
样本量	132	133	133	117	121	121
窗格 C：中位数至下四分位数						
BHAR	-0.046	0.093	0.048	0.083	0.142	0.06
偏度调整 t 值	-0.72	1.758	1.029	0.826	1.404	0.831
样本量	25	26	26	22	22	22
窗格 D：下四分位数以上						
BHAR	0.200	0.16	0.278	0.383	0.745	1.015
偏度调整 t 值	2.833	1.387	2.12	2.914	2.881	3.097
样本量	66	66	66	49	49	49

表 7-12　　　　　　　　限制性股票授予价格与 BHAR

组合特征	激励有效期					
	1 年后			2 年后		
	等权重	流通市值	总市值	等权重	流通市值	总市值
窗格 A：上四分位数以下						
BHAR	0.163	0.636	0.721	0.172	0.008	0.014
偏度调整 t 值	4.682	1.763	1.686	1.911	0.089	0.207
样本量	210	212	212	165	165	165

组合特征	激励有效期					
	1 年后			2 年后		
	等权重	流通市值	总市值	等权重	流通市值	总市值
窗格 B：上四分位数至中位数						
BHAR	0.137	0.148	0.136	0.217	0.125	0.138
偏度调整 t 值	2.911	2.892	3.106	3.009	2.646	2.646
样本量	226	226	226	197	199	199
窗格 C：中位数至下四分位数						
BHAR	0.182	0.246	0.240	0.151	0.58	0.395
偏度调整 t 值	4.625	5.191	5.225	2.340	1.945	2.134
样本量	184	188	188	155	156	156
窗格 D：下四分位数以上						
BHAR	0.150	0.087	0.311	0.244	0.174	0.273
偏度调整 t 值	3.099	0.599	2.243	3.266	1.168	2.126
样本量	120	122	122	101	103	103

通过表 7-11 可以看出，股票期权行权难度最大的上四分位数区间，股权激励公司与匹配公司之间的收益率没有显著差异。随着行权价格的降低，二者的差异开始显著，等权法计算的 BHAR 由第二分位数区间的 16.7% 增加至第四分位数区间的 20%。对应流通市值权重和总市值权重计算的 BHAR 分别由 13.8% 和 11.6% 增加至 16% 和 27.8%。2 年后的结果分别由 31.1%、30.9% 和 33.4% 提高到 38.3%、74.5% 和 101.5%。这表明对于股票期权而言，行权难度过高使得激励难以真正发挥作用，切合实际的行权价格才是股票期权激励的应有之意，随着时间的推移这一点愈发明确，市场对此给出了明确的解读。

限制性股票授予价格难易程度与 BHAR 的关系呈现在表 7-12 中。结果表明 BHAR 在不同的年份呈现出不同的特点。第 1 年后，BHAR 随着行权难度的降低呈现出显著的下降趋势。以流通市值加权法为例，BHAR 从难度最高的上四分位数区间到难度最低的下四分位数区间的数值依次为

63.6%、14.8%、24.6%和8.7%。总市值权重法的BHAR由72.1%下降至31.1%。由于限制性股票不需要像股票期权那样事先筹集大量资金行权，因而行权难度较低，容易被市场解读为借着股权激励变相发放福利，因而在公告1年内不被市场看好。然而2年后的结果却呈现出不同的特征，随着行权难度的降低BHAR略有上升，以等权重法为例BHAR由第二区间的21.7%略微升至第四区间的24.4%。这表明随着时间的流逝，市场对公司的行为掌握了更多的信息，投资者逐渐趋于冷静，认识到行权难度降低对于股权激励具有更现实的意义。

第二节　基于日历时间投资组合 Jensen-alpha 法的长期事件研究

衡量长期股价表现的另一种方法是在日历时间中，根据资产定价模型跟踪与事件相关的投资组合的表现，文献中称之为日历时间投资组合法（calendar-time portfolio approach）或 Jensen-alpha 法。

Jensen-alpha 法最先由谢夫（Jaffe，1974）、曼德尔克（Mandelker，1974）提出，随后经法玛（Fama，1998）提倡后被广泛应用。与 BHAR 法相比，该方法的优点在于：首先，月回报不太容易受到不完美市场预期模型问题的影响；其次，通过形成月历时间投资组合，事件公司异常回报的所有互相关（cross-correlation）都自动计入投资组合方差，消除了事件公司之间横截面相互依赖的问题。最后，能够在非随机样本中产生更稳健的检验统计量，其分布更好地近似于正态分布，允许经典的统计推断。

一、构造日历时间投资组合

本节研究中，样本公司都经历了股权激励事件，并且超过95%的公司股权激励的持续时间超过 3 年，接近 45% 的公司超过了 5 年。据此，我们把持有投资组合的估计期 t 分别按照事件月份之后的 12 个月、24 个月、36 个月、48 个月、60 个月和 72 个月进行设置。在样本期的每一个月，构造一个投资组合，包括在前 t 个月内经历股权激励事件的所有公司。需要指出的是，投资组合中的公司数量不是固定的，而是每个月都会变动的。因为股权激励草案公布的时间并非均匀分布，因而每个月都可能会有新的公司进入组合，同时也有公司退出组合，需要每个月重新计算一次投资组合收益率和异常收益率。

本研究构造投资组合的时间起点为 2006 年 1 月，即证监会文件规定上市公司股权激励正式生效的时间，截止时间为 2021 年 11 月。公司在股权激励草案公布后的一个月内被纳入投资组合，并且保证持有时间至少为 t 个月 （t = 12，24，36，48，60，72）。

二、基于 Fama-French 模型的估计方法

面对文献中大量出现的长期异常回报的证据，法玛和弗伦奇 （Fama and French，1993，1996）认为，市场仍然是有效的，问题出在 CAPM 模型没有完全控制系统风险，异常回报是由于未观测到的系统风险所致。因而提出了拓展的 Fama-French 三因素资产定价模型，在市场风险因素之外，纳入了另外两个因素控制风险，分别是市场规模和账面市值比。

本书使用多因素经验资产定价模型进行估计，具体而言，分别基于 Fama-French 三因素模型和五因素模型，分析日历投资组合的异常收益率。

三因素模型为：

$$R_{p,t} - R_{f,t} = \alpha_p + \beta_p(R_{m,t} - R_{f,t}) + s_p SMB_t + h_p HML_t + e_{p,t}$$

$$(7-5)$$

五因素模型为：

$$R_{p,t} - R_{f,t} = \alpha_p + \beta_p(R_{m,t} - R_{f,t}) + s_p SMB_t + h_p HML_t$$
$$+ r_p RMW_t + c_p CMA_t + e_{p,t} \qquad (7-6)$$

式（7-5）和式（7-6）中：$R_{p,t}$是日历投资组合的月收益率，分别使用流通市值权重和总市值权重进行加权；$R_{f,t}$是无风险月利率；$R_{m,t}$是市场月收益率，由于股权激励公司在 A 股、创业板和科创板均有，因而采用 A 股、创业板和科创板综合市场月收益率；SMB_t是市值因子，是小盘股组合与大盘股组合的月收益率之间的差异；HML_t是账面市值比因子，是高账面市值比（B/M）组合与低账面市值比组合的月收益率之间的差异。五因素模型在三因素模型的基础上添加了两个因子 RMW_t 和 CMA_t。RMW_t是盈利能力因子，表示高盈利股票组合和低盈利组合的月收益率之差；CMA_t是投资模式因子，表示低投资比例股票组合和高投资比例股票组合的月收益率之差。SMB_t、HML_t、RMW_t 和 CMA_t 四个因子的投资组合基于法玛（Fama）的 2×3 组合划分方法得到。具体计算时分别根据流通市值加权和总市值加权计算而得。β_p、s_p、h_p、r_p、c_p 是投资组合对五个因素的敏感度系数。α_p 用于衡量在过去 t 月内投资组合的月平均异常收益率，在没有异常表现的情况下，截距项 α_p 应该为零。如果 Fama-French 模型提供了对预期回报的完整描述，那么 α_p 就可以衡量错误定价。

三、事件公司股价的长期表现

对 Fama-French 三因素模型的估计结果如表 7-13 和表 7-14 所示，其中，表 7-13 使用流通市值加权投资组合，表 7-14 使用总市值加权。三因素模型的结果表明，在控制了市场规模和账面市值比之外，仍然有预测未来回报的因素存在。首先，股权激励草案公布后存在一个长期的异常收益率，在 6 年内收益率至少保持在 1.7%；其次，收益率呈现递减趋势，1 年内的月平均收益率高达 2.2%，之后逐年递减。

表 7 – 13   股权激励后 1～6 年内流通市值权重投资组合月平均异常

收益率（三因素法）

解释变量	持有投资组合时间					
	12 个月后	24 个月后	36 个月后	48 个月后	60 个月后	72 个月后
$R_{m,t} - R_{f,t}$	0.977 *** (0.005)	0.938 *** (0.003)	0.937 *** (0.002)	0.975 *** (0.002)	0.985 *** (0.002)	0.985 *** (0.002)
SMB_t	0.153 *** (0.006)	0.153 *** (0.004)	0.181 *** (0.004)	0.173 *** (0.003)	0.167 *** (0.002)	0.169 *** (0.002)
HML_t	− 0.628 *** (0.008)	− 0.697 *** (0.005)	− 0.671 *** (0.004)	− 0.598 *** (0.003)	− 0.578 *** (0.003)	− 0.575 *** (0.003)
α_p	0.022 *** (0.000)	0.019 *** (0.000)	0.018 *** (0.000)	0.017 *** (0.000)	0.017 *** (0.000)	0.017 *** (0.000)
N	29628	53601	71569	84227	92439	98067
校正 R^2	0.854	0.882	0.893	0.912	0.915	0.921

注：*** 、** 、* 分别表示在1%、5%和10%水平上显著；括号中的数字为经过 White 异方差修正标准误。

表 7 – 14   股权激励后 1～6 年内总市值权重投资组合月平均异常

收益率（三因素法）

解释变量	持有投资组合时间					
	12 个月后	24 个月后	36 个月后	48 个月后	60 个月后	72 个月后
$R_{m,t} - R_{f,t}$	0.984 *** (0.005)	0.952 *** (0.003)	0.953 *** (0.002)	0.981 *** (0.002)	0.990 *** (0.002)	0.990 *** (0.002)
SMB_t	0.165 *** (0.006)	0.179 *** (0.005)	0.193 *** (0.004)	0.182 *** (0.003)	0.176 *** (0.003)	0.172 *** (0.002)
HML_t	− 0.585 *** (0.008)	− 0.628 *** (0.005)	− 0.609 *** (0.004)	− 0.552 *** (0.003)	− 0.529 *** (0.003)	− 0.530 *** (0.003)
α_p	0.022 *** (0.000)	0.020 *** (0.000)	0.018 *** (0.000)	0.018 *** (0.000)	0.017 *** (0.000)	0.017 *** (0.000)
N	29628	53601	71569	84227	92439	98067
校正 R^2	0.862	0.890	0.903	0.918	0.921	0.926

注：*** 、** 、* 分别表示在1%、5%和10%水平上显著；括号中的数字为经过 White 异方差修正标准误。

对 Fama-French 五因素模型的估计结果见表 7 – 15 和表 7 – 16，收益率由 1 年后的 2% 逐渐下降至 1.6%，与三因素模型的结论是一致的。

表 7 – 15　　股权激励后 1~6 年内流通市值权重投资组合月平均异常
收益率（五因素法）

解释变量	持有投资组合时间					
	12 个月后	24 个月后	36 个月后	48 个月后	60 个月后	72 个月后
$R_{m,t} - R_{f,t}$	1.031 *** (0.005)	0.976 *** (0.003)	0.974 *** (0.002)	1.008 *** (0.002)	1.012 *** (0.002)	1.008 *** (0.002)
SMB_t	0.411 *** (0.009)	0.335 *** (0.007)	0.345 *** (0.006)	0.324 *** (0.005)	0.274 *** (0.004)	0.256 *** (0.004)
HML_t	− 0.488 *** (0.010)	− 0.542 *** (0.007)	− 0.566 *** (0.006)	− 0.482 *** (0.005)	− 0.500 *** (0.005)	− 0.496 *** (0.004)
RMW_t	0.388 *** (0.014)	0.190 *** (0.010)	0.216 *** (0.007)	0.170 *** (0.006)	0.128 *** (0.005)	0.085 *** (0.005)
CMA_t	− 0.161 *** (0.017)	− 0.253 *** (0.011)	− 0.131 *** (0.009)	− 0.162 *** (0.007)	− 0.110 *** (0.007)	− 0.130 *** (0.007)
α_p	0.019 *** (0.000)	0.018 *** (0.000)	0.016 *** (0.000)	0.016 *** (0.000)	0.016 *** (0.000)	0.016 *** (0.000)
N	29628	53601	71569	84227	92439	98067
校正 R^2	0.863	0.887	0.894	0.913	0.914	0.920

注：*** 、** 、* 分别表示在 1% 、5% 和 10% 水平上显著；括号中的数字为经过 White 异方差修正标准误。

表 7 – 16　　股权激励后 1~6 年内总市值权重投资组合月平均异常
收益率（五因素法）

解释变量	持有投资组合时间					
	12 个月后	24 个月后	36 个月后	48 个月后	60 个月后	72 个月后
$R_{m,t} - R_{f,t}$	1.044 *** (0.005)	0.995 *** (0.003)	0.994 *** (0.002)	1.017 *** (0.002)	1.023 *** (0.002)	1.018 *** (0.002)
SMB_t	0.427 *** (0.008)	0.376 *** (0.006)	0.370 *** (0.005)	0.342 *** (0.004)	0.311 *** (0.003)	0.286 *** (0.003)

续表

解释变量	持有投资组合时间					
	12 个月后	24 个月后	36 个月后	48 个月后	60 个月后	72 个月后
HML_t	-0.441 ***	-0.463 ***	-0.480 ***	-0.415 ***	-0.420 ***	-0.424 ***
	(0.011)	(0.007)	(0.006)	(0.005)	(0.005)	(0.004)
RMW_t	0.417 ***	0.223 ***	0.223 ***	0.172 ***	0.158 ***	0.114 ***
	(0.012)	(0.008)	(0.006)	(0.005)	(0.005)	(0.004)
CMA_t	-0.102 ***	-0.228 ***	-0.134 ***	-0.163 ***	-0.124 ***	-0.142 ***
	(0.021)	(0.012)	(0.010)	(0.008)	(0.008)	(0.007)
α_p	0.020 ***	0.018 ***	0.017 ***	0.017 ***	0.016 ***	0.017 ***
	(0.000)	(0.000)	(0.000)	(0.000)	(0.000)	(0.000)
N	29628	53601	71569	84227	92439	98067
校正 R^2	0.876	0.898	0.908	0.922	0.923	0.927

注：*** 、 ** 、 * 分别表示在 1% 、5% 和 10% 水平上显著；括号中的数字为经过 White 异方差修正标准误。

上述发现印证了第一节中基于公司特征匹配的 BHAR 法的结论。虽然两种方法的计算原理不同，但得到的结论是一致的。两种方法的结果共同表明股权激励企业在资本市场上存在长期的股票价格漂移异象，构造的投资组合能够带来长期的超额回报。

四、股权激励的长期信号传递效应

Fama-French 三因素模型和五因素模型的结果表明，在针对股权激励事件中仍有未发现的定价因素。接下来，笔者尝试解释股价漂移并探讨其潜在的驱动因素。笔者基于业绩考核指标，重新构造日历时间投资组合，计算基于不同业绩考核指标下的异常收益率。同时也能够与 BHAR 方法的结果进行对照。

笔者分别基于净资产收益率业绩考核指标、利润增长率业绩考核指标和销售收入增长率业绩考核指标，根据四分位数法对样本进行划分。然后在不同的区间中构造日历时间投资组合，再根据 Fama-French 三因素模型和五因素模型进行分析。另外，再根据行权难易程度做同样的处理。类似前文，仍然使用流通市值和总市值对投资组合进行加权，结果列示于表 7 - 17 ~ 表 7 - 20。这些表格展示了由于业绩考核指标的不同导致了投资组合收益率存在差异。

表 7 - 17　业绩指标、行权价格与投资组合的异常收益率（流通市值权重、三因素）

组合特征	项目	持有投资组合时间					
		12 个月后	24 个月后	36 个月后	48 个月后	60 个月后	72 个月后
窗格 A：净资产收益率业绩指标区间							
区间 1	系数	0.011	0.015	0.013	0.015	0.013	0.015
	t 值	7.501	17.310	18.839	26.251	28.131	37.079
区间 2	系数	0.015	0.018	0.016	0.014	0.014	0.012
	t 值	14.457	26.499	32.534	35.219	40.351	40.177
区间 3	系数	0.012	0.01	0.016	0.016	0.018	0.017
	t 值	4.559	6.385	9.736	10.277	10.095	10.865
区间 4	系数	0.023	0.018	0.019	0.017	0.016	0.017
	t 值	13.964	14.931	21.133	24.924	28.568	32.036
窗格 B：利润增长率业绩指标区间							
区间 1	系数	0.014	0.016	0.015	0.016	0.014	0.017
	t 值	5.161	10.008	11.246	14.730	15.179	19.419
区间 2	系数	0.016	0.019	0.016	0.014	0.014	0.012
	t 值	8.975	15.815	18.688	21.366	24.628	25.095
区间 3	系数	0.01	0.008	0.021	0.017	0.022	0.019
	t 值	1.560	2.152	4.110	4.092	4.445	4.830
区间 4	系数	0.031	0.022	0.02	0.019	0.017	0.017
	t 值	8.030	7.263	10.188	12.344	13.971	15.546
窗格 C：销售收入增长率业绩指标区间							
区间 1	系数	0.035	0.029	0.027	0.023	0.022	0.023
	t 值	4.613	7.076	7.325	7.225	7.501	8.554
区间 2	系数	0.01	0.016	0.014	0.014	0.014	0.011
	t 值	1.393	3.007	3.364	4.158	4.332	3.853

组合特征	项目	持有投资组合时间					
		12 个月后	24 个月后	36 个月后	48 个月后	60 个月后	72 个月后
窗格 C：销售收入增长率业绩指标区间							
区间 3	系数	0.004	0.002	0.004	0.006	0.03	0.024
	t 值	0.197	0.186	0.593	1.044	1.644	1.582
区间 4	系数	0.027	0.022	0.019	0.02	0.016	0.015
	t 值	2.822	3.497	5.357	6.559	6.562	6.337
窗格 D：行权价格/授予价格区间							
区间 1	系数	0.007	0.012	0.011	0.013	0.012	0.014
	t 值	2.999	9.123	9.818	13.472	15.293	19.855
区间 2	系数	0.012	0.016	0.015	0.013	0.013	0.011
	t 值	6.283	10.732	13.380	14.571	16.500	16.342
区间 3	系数	0.013	0.01	0.025	0.02	0.02	0.018
	t 值	1.994	2.658	4.405	4.152	4.126	4.553
区间 4	系数	0.02	0.02	0.02	0.019	0.016	0.017
	t 值	5.429	6.426	10.383	11.326	12.161	13.764
窗格 E：股票期权行权价格区间							
区间 1	系数	0.005	0.013	0.013	0.015	0.013	0.015
	t 值	1.248	5.563	6.221	8.759	9.465	12.644
区间 2	系数	0.014	0.018	0.015	0.014	0.014	0.012
	t 值	6.697	13.874	16.014	17.895	20.965	21.507
区间 3	系数	0.02	0.01	0.018	0.018	0.022	0.023
	t 值	3.033	2.145	3.138	2.911	2.795	2.973
区间 4	系数	0.017	0.021	0.017	0.018	0.016	0.017
	t 值	3.689	4.289	5.890	7.978	9.010	9.813
窗格 F：限制性股票授予价格区间							
区间 1	系数	0.024	0.021	0.019	0.018	0.016	0.018
	t 值	6.848	11.307	11.876	14.028	14.990	18.478
区间 2	系数	0.015	0.018	0.016	0.014	0.014	0.013
	t 值	6.717	11.003	13.208	14.292	16.511	17.215

续表

组合特征	项目	持有投资组合时间					
		12个月后	24个月后	36个月后	48个月后	60个月后	72个月后
窗格F：限制性股票授予价格区间							
区间3	系数	0.005	0.013	0.032	0.023	0.027	0.02
	t值	0.413	2.163	3.291	2.891	3.117	3.198
区间4	系数	0.02	0.021	0.019	0.019	0.018	0.019
	t值	3.607	4.108	6.471	7.481	8.625	9.403

注：区间1表示上四分位数以下；区间2表示上四分位数至中位数；区间3表示中位数至下四分位数；区间4表示下四分位数以上。

表7-18 业绩指标、行权价格与投资组合的异常收益率（总市值权重、三因素）

组合特征	项目	持有投资组合时间					
		12个月后	24个月后	36个月后	48个月后	60个月后	72个月后
窗格A：净资产收益率业绩指标区间							
区间1	系数	0.013	0.015	0.013	0.015	0.013	0.016
	t值	9.285	18.848	19.728	27.887	29.589	39.499
区间2	系数	0.017	0.018	0.017	0.014	0.014	0.012
	t值	16.787	27.884	34.556	35.906	41.533	41.996
区间3	系数	0.013	0.012	0.016	0.016	0.018	0.017
	t值	4.611	7.066	10.075	10.876	10.570	11.526
区间4	系数	0.023	0.019	0.019	0.018	0.017	0.017
	t值	13.838	16.329	22.371	26.225	30.494	34.690
窗格B：利润增长率业绩指标区间							
区间1	系数	0.016	0.017	0.016	0.017	0.015	0.017
	t值	5.750	10.622	11.648	15.352	15.726	20.371
区间2	系数	0.018	0.019	0.017	0.014	0.014	0.013
	t值	10.235	16.802	20.084	21.938	25.197	26.088
区间3	系数	0.007	0.009	0.019	0.016	0.021	0.019
	t值	0.960	2.280	4.021	4.355	4.665	5.295
区间4	系数	0.030	0.022	0.021	0.020	0.018	0.018
	t值	7.975	7.993	11.041	13.098	15.040	16.975

续表

组合特征	项目	持有投资组合时间					
		12 个月后	24 个月后	36 个月后	48 个月后	60 个月后	72 个月后
窗格 C：销售收入增长率业绩指标区间							
区间 1	系数	0.036	0.030	0.028	0.024	0.022	0.024
	t 值	4.725	7.388	7.346	7.324	7.555	8.717
区间 2	系数	0.013	0.017	0.015	0.014	0.015	0.011
	t 值	1.735	3.062	3.405	4.037	4.475	4.056
区间 3	系数	0.007	0.002	0.005	0.007	0.027	0.022
	t 值	0.303	0.130	0.703	1.176	1.671	1.595
区间 4	系数	0.027	0.023	0.020	0.021	0.017	0.016
	t 值	2.647	3.759	5.857	6.876	7.064	6.949
窗格 D：行权价格/授予价格区间							
区间 1	系数	0.009	0.013	0.012	0.014	0.012	0.014
	t 值	4.120	10.140	10.475	14.509	16.177	21.221
区间 2	系数	0.014	0.016	0.016	0.013	0.013	0.011
	t 值	7.199	11.266	14.109	14.994	17.279	17.217
区间 3	系数	0.012	0.012	0.024	0.019	0.020	0.018
	t 值	1.692	2.675	4.530	4.551	4.333	5.000
区间 4	系数	0.020	0.020	0.020	0.019	0.017	0.018
	t 值	5.360	7.042	11.038	11.960	13.031	14.949
窗格 E：股票期权行权价格区间							
区间 1	系数	0.007	0.014	0.014	0.015	0.013	0.015
	t 值	1.830	6.037	6.503	9.235	9.761	13.288
区间 2	系数	0.016	0.019	0.016	0.014	0.014	0.013
	t 值	8.325	15.080	17.969	18.544	21.377	22.341
区间 3	系数	0.025	0.013	0.018	0.017	0.021	0.021
	t 值	3.528	2.465	3.407	3.029	2.988	3.080
区间 4	系数	0.019	0.021	0.017	0.018	0.017	0.018
	t 值	4.090	4.622	6.377	8.313	9.698	10.757
窗格 F：限制性股票授予价格区间							
区间 1	系数	0.026	0.022	0.020	0.019	0.017	0.019
	t 值	7.279	11.958	12.081	14.597	15.352	19.245

续表

组合特征	项目	持有投资组合时间					
		12 个月后	24 个月后	36 个月后	48 个月后	60 个月后	72 个月后
窗格 F：限制性股票授予价格区间							
区间 2	系数	0.016	0.018	0.016	0.014	0.014	0.013
	t 值	7.598	11.583	13.776	14.392	16.821	17.780
区间 3	系数	0.001	0.013	0.029	0.021	0.026	0.020
	t 值	0.050	2.018	3.246	3.067	3.315	3.596
区间 4	系数	0.021	0.021	0.020	0.020	0.019	0.020
	t 值	3.734	4.392	7.037	7.910	9.250	10.243

注：区间 1 表示上四分位数以下；区间 2 表示上四分位数至中位数；区间 3 表示中位数至下四分位数；区间 4 表示下四分位数以上。

表 7 - 19　业绩指标、行权价格与投资组合的异常收益率（流通市值权重、五因素）

组合特征	项目	持有投资组合时间					
		12 个月后	24 个月后	36 个月后	48 个月后	60 个月后	72 个月后
窗格 A：净资产收益率业绩指标区间							
区间 1	系数	0.010	0.014	0.012	0.014	0.012	0.014
	t 值	6.673	16.305	17.486	24.633	26.131	34.712
区间 2	系数	0.014	0.017	0.015	0.012	0.013	0.011
	t 值	13.384	24.433	29.721	31.393	36.278	36.317
区间 3	系数	0.011	0.009	0.016	0.017	0.019	0.018
	t 值	4.247	5.782	9.475	10.193	10.216	11.053
区间 4	系数	0.024	0.018	0.019	0.018	0.017	0.017
	t 值	13.918	14.474	20.847	25.270	29.324	32.576
窗格 B：利润增长率业绩指标区间							
区间 1	系数	0.013	0.016	0.014	0.016	0.014	0.016
	t 值	4.838	9.673	10.738	14.073	14.374	18.411
区间 2	系数	0.016	0.018	0.015	0.013	0.013	0.011
	t 值	8.466	14.558	16.882	18.859	21.906	22.723
区间 3	系数	0.009	0.007	0.022	0.018	0.024	0.020
	t 值	1.349	1.851	4.025	4.121	4.584	5.018

组合特征	项目	持有投资组合时间					
		12 个月后	24 个月后	36 个月后	48 个月后	60 个月后	72 个月后
窗格 B：利润增长率业绩指标区间							
区间 4	系数	0.031	0.022	0.020	0.019	0.017	0.018
	t 值	8.071	6.947	9.833	11.970	13.984	15.580
窗格 C：销售收入增长率业绩指标区间							
区间 1	系数	0.035	0.030	0.027	0.024	0.022	0.023
	t 值	4.703	7.270	7.329	7.173	7.362	8.331
区间 2	系数	0.010	0.016	0.014	0.013	0.013	0.010
	t 值	1.345	2.896	3.222	3.970	4.135	3.680
区间 3	系数	0.004	0.001	0.004	0.005	0.031	0.026
	t 值	0.210	0.114	0.514	0.904	1.695	1.654
区间 4	系数	0.027	0.022	0.019	0.020	0.016	0.015
	t 值	2.862	3.368	5.086	6.423	6.671	6.430
窗格 D：行权价格/授予价格区间							
区间 1	系数	0.005	0.011	0.010	0.012	0.011	0.013
	t 值	2.202	8.177	8.785	12.383	13.941	18.301
区间 2	系数	0.011	0.015	0.014	0.012	0.012	0.010
	t 值	5.629	10.071	12.436	13.329	15.265	14.964
区间 3	系数	0.011	0.009	0.026	0.022	0.022	0.019
	t 值	1.581	2.435	4.438	4.300	4.261	4.691
区间 4	系数	0.020	0.020	0.020	0.019	0.017	0.017
	t 值	5.441	6.243	10.200	11.263	12.274	13.868
窗格 E：股票期权行权价格区间							
区间 1	系数	0.005	0.012	0.012	0.014	0.012	0.014
	t 值	1.103	5.212	5.762	8.286	8.894	11.920
区间 2	系数	0.012	0.017	0.014	0.012	0.012	0.011
	t 值	5.784	12.638	14.338	15.183	18.558	18.878
区间 3	系数	0.020	0.010	0.018	0.019	0.022	0.024
	t 值	2.998	2.074	3.148	2.944	2.858	3.047
区间 4	系数	0.017	0.021	0.016	0.018	0.016	0.017
	t 值	3.687	4.070	5.609	7.803	9.008	9.804

续表

组合特征	项目	持有投资组合时间					
		12个月后	24个月后	36个月后	48个月后	60个月后	72个月后
窗格F：限制性股票授予价格区间							
区间1	系数	0.024	0.021	0.019	0.018	0.016	0.018
	t值	6.656	11.213	11.610	13.622	14.385	17.644
区间2	系数	0.014	0.017	0.015	0.012	0.013	0.012
	t值	6.172	10.095	11.963	12.676	14.950	15.799
区间3	系数	0.000	0.012	0.035	0.026	0.030	0.022
	t值	-0.014	1.985	3.340	3.062	3.340	3.408
区间4	系数	0.021	0.021	0.019	0.019	0.019	0.019
	t值	3.763	3.921	6.298	7.266	8.660	9.428

注：区间1表示上四分位数以下；区间2表示上四分位数至中位数；区间3表示中位数至下四分位数；区间4表示下四分位数以上。

表7-20 业绩指标、行权价格与投资组合的异常收益率（总市值权重、五因素）

组合特征	项目	持有投资组合时间					
		12个月后	24个月后	36个月后	48个月后	60个月后	72个月后
窗格A：净资产收益率业绩指标区间							
区间1	系数	0.012	0.014	0.013	0.015	0.013	0.015
	t值	8.516	17.943	18.511	26.527	27.833	37.348
区间2	系数	0.016	0.017	0.016	0.013	0.013	0.011
	t值	15.721	25.788	31.906	32.627	37.895	38.514
区间3	系数	0.012	0.011	0.016	0.016	0.018	0.017
	t值	4.262	6.505	9.748	10.689	10.579	11.560
区间4	系数	0.023	0.019	0.019	0.018	0.017	0.018
	t值	13.881	15.793	22.061	26.489	31.169	35.177
窗格B：利润增长率业绩指标区间							
区间1	系数	0.015	0.016	0.015	0.016	0.015	0.017
	t值	5.421	10.324	11.200	14.762	14.990	19.469
区间2	系数	0.017	0.018	0.015	0.013	0.013	0.012
	t值	9.768	15.538	18.446	19.956	22.715	23.950

续表

组合特征	项目	持有投资组合时间					
		12个月后	24个月后	36个月后	48个月后	60个月后	72个月后
窗格B：利润增长率业绩指标区间							
区间3	系数	0.006	0.008	0.019	0.017	0.022	0.020
	t值	0.812	2.016	3.925	4.358	4.770	5.422
区间4	系数	0.030	0.022	0.020	0.019	0.018	0.018
	t值	7.902	7.583	10.482	12.504	14.904	16.899
窗格C：销售收入增长率业绩指标区间							
区间1	系数	0.036	0.030	0.028	0.024	0.022	0.023
	t值	4.755	7.511	7.369	7.258	7.421	8.540
区间2	系数	0.013	0.017	0.014	0.013	0.014	0.011
	t值	1.691	2.985	3.280	3.848	4.267	3.842
区间3	系数	0.007	0.001	0.005	0.006	0.028	0.023
	t值	0.301	0.095	0.629	1.075	1.704	1.618
区间4	系数	0.027	0.023	0.020	0.021	0.018	0.016
	t值	2.689	3.601	5.524	6.674	7.140	7.050
窗格D：行权价格/授予价格区间							
区间1	系数	0.007	0.012	0.011	0.013	0.012	0.013
	t值	3.306	9.277	9.551	13.640	15.056	19.847
区间2	系数	0.013	0.016	0.015	0.012	0.013	0.011
	t值	6.612	10.717	13.295	13.953	16.188	16.002
区间3	系数	0.009	0.010	0.024	0.020	0.021	0.019
	t值	1.280	2.438	4.469	4.634	4.409	5.062
区间4	系数	0.021	0.020	0.020	0.020	0.018	0.018
	t值	5.379	6.841	10.826	11.777	13.061	15.011
窗格E：股票期权行权价格区间							
区间1	系数	0.007	0.013	0.013	0.015	0.013	0.015
	t值	1.637	5.718	6.128	8.939	9.390	12.774
区间2	系数	0.014	0.017	0.015	0.013	0.013	0.011
	t值	7.191	13.515	16.107	16.295	19.331	20.083

续表

组合特征	项目	持有投资组合时间					
		12 个月后	24 个月后	36 个月后	48 个月后	60 个月后	72 个月后
窗格 E：股票期权行权价格区间							
区间 3	系数	0.024	0.012	0.018	0.018	0.021	0.022
	t 值	3.503	2.368	3.378	3.015	3.013	3.111
区间 4	系数	0.019	0.021	0.017	0.018	0.017	0.018
	t 值	4.067	4.356	5.935	7.944	9.555	10.641
窗格 F：限制性股票授予价格区间							
区间 1	系数	0.025	0.021	0.019	0.019	0.017	0.018
	t 值	7.016	11.852	11.867	14.209	14.790	18.520
区间 2	系数	0.016	0.017	0.015	0.013	0.013	0.015
	t 值	7.073	10.666	12.780	13.097	15.443	16.478
区间 3	系数	-0.004	0.012	0.029	0.023	0.028	0.022
	t 值	-0.316	1.809	3.182	3.185	3.480	3.724
区间 4	系数	0.022	0.021	0.020	0.019	0.019	0.020
	t 值	3.791	4.174	6.737	7.507	9.139	10.162

注：区间 1 表示上四分位数以下；区间 2 表示上四分位数至中位数；区间 3 表示中位数至下四分位数；区间 4 表示下四分位数以上。

从净资产收益率业绩考核指标来看，指标区间越高的投资组合，其所获得的长期回报越大。以三因素法流通市值权重投资组合为例，12 个月后最低指标区间（区间 1）投资组合的月收益率为 1.1%，最高指标区间（区间 4）投资组合的月收益率为 2.3%，呈现出递增趋势。随后几年内呈现出类似的模式，即使最低指标区间的组合仍然能获得 1.3% ~1.5% 的回报率，而最高目标区间的收益率保持在 1.7% ~1.9%。使用总市值权重和五因素法计算的结果与之差别不大。在所有区间的投资组合中都可以观察到股价漂移异象，并且异常收益的大小与净资产收益率指标高低成正比。这表明净资产收益率指标向市场传递出清晰且持久的信号，但市场对其完全解读存在时间上的滞后。

从利润增长率指标与投资组合异常收益率的数据看，也显示出正相关关系。12 个月后投资组合的异常收益率由区间 1 的 1.4% 提升至区间 4 的 3.1%，第 2~6 年后，最低指标区间收益率维持在 1.4%~1.7%，最高指标区间收益率维持在 1.7%~2.2%。这表明市场投资者对利润增长率业绩指标的反应与净资产收益率指标一样，随着时间的推移逐步做出了积极的反应。

与上面两种利润指标不同，销售收入增长率指标则展示出另外的模式。收益率在目标区间内呈 U 型趋势。以第 1 年为例，收益率在最低指标区间为 3.5%，在区间 2 内骤然降到 1%，且统计上不显著，在区间 3 进一步降到 0.4%，到区间 4 又回转至 2.7%，随后的几年内也呈现出类似的特征。这种无规律特性与采用 BHAR 模型分析的结果类似，在那里销售收入指标与股价漂移程度没有明显的规律。

根据行权价格/授予价格构造的投资组合的数据表明，行权难度越小投资组合异常收益率越高。由于股票期权和限制性股票在实际执行过程中存在差异，故进一步把样本细分为股票期权投资组合和限制性股票投资组合两部分，然后再分别根据行权价格/授予价格区间高低各自构造 4 个投资组合。

股票期权投资组合展现的特征是，行权价格越低异常收益率越高，在 1 年后最高区间和最低区间的异常收益率差距高达 1.2%，两年后这一差距略微下降至 0.8%，6 年后缩小至 0.3%，呈现出与 BHAR 模型结果一致的趋势。这是因为投资者逐渐意识到股票期权行权难度过高反而起不到应有的激励效果，结果表明市场捕捉到了这一信号。

限制性股票则呈现出相反的特征，1 年后投资组合异常收益率在区间 1 为 2.4%，在区间 2 下降至 1.5%，在区间 3 下降至 0.5%，在区间 4 回升至 2%，总体上呈现出随着行权难度降低，收益率下降的趋势。这表明授予价格越低或行权越容易，市场反应越不强烈。因为限制性股权不同于股票期权，授予价格高不会造成类似于股票期权因行权价格高所带来的困境。第 2~6 年的结果则呈现出随着行权难度降低，收益率先下降后略微上升的特点，但即使在难度最低区间的收益率与难度最高区间的收益率相差也不大，基本维持在 0～0.2%。这表明随着时间的推移，市场投资者对企业的信息有了更进一步的了解之后，调整了之前的关于限制性股票行权难度与变相发放福利之间关系的预期。该结果与上一节 BHAR 模型对应部分的数据所展现出来的特征是一致的。

第三节　股价漂移异象的理论探讨

根据半强式有效市场假说，所有公开可用的信息都会在短时间内反映到股价中，因此，从长期看，任何市场参与者都无法获得超额回报。然而本章中大量出现的长期异常收益构成了与有效市场假设相矛盾的证据。

本章所使用的 BHAR 法和 Jensen-alpha 法关于股票价格漂移异象的结论是一致的，二者在数量上的差异源于构造投资组合的方法不同。BHAR 法基于公司特征匹配构造的投资组合指获得了至少 2 年的超额收益率，2 年后的超额收益率范围为 24%～25%。基于日历时间投资组合 Jensen-alpha 法检验了 2006 年 1 月至 2021 年 11 月持有的股权激励投资组合收益，发现超额收益率在 6 年内都非常显著，前 2 年内的超额收益率在 2% 左右，6 年后在 1.7% 左右。

结论一致表明，与有效市场假说的预测相反，股权激励公告不会导致股票价格的全面、瞬时的调整，而是会导致股价缓慢、可预测的漂移。具体而言，基于业绩考核指标的分析结果表明，事件公告后的异常收益率与股权激励的业绩考核指标之间存在某种相关关系。有较强的证据显示，业绩考核指标在预测异常收益率时，表现出显著的解释能力，并且该结论在两种不同的模型中都成立。结合业绩考核指标的类别看，与销售收入业绩考核指标相比，利润考核指标对股价漂移具有更高的预测能力。市场似乎低估了盈余的持续性，较高的利润业绩指标会导致更大幅度的股价漂移。这表明股权激励草案披露的业绩考核指标的价值相关性信息没有被投资者充分解读。

本节尝试从投资者心理偏差、有限理性、套利者面临的交易成本与风险等角度给出一个理论上的阐释。

一、股权激励信息传递存在交易成本

由于股权激励是一个长期事件，市场参与者在对其执行和监督的过程中会产生一笔可观的信息交易成本，这是造成市场不能根据披露信息做出完全解读的根本原因。

信息交易成本产生的源头可以从股权激励的信息不确定性来理解。理性学习模型认为，信息不确定性是影响投资者行为的重要因素，待不确定性解决后价格才延迟地得到修正。具体而言，信息不确定性源于对盈余持续性的判断（Kormendi and Lipe，1987），基于过去盈余预测未来盈余时间序列的能力（Lipe，1990）、预测难度（Zhang，2012）及准确性（Han et al，2009）等因素。信息不确定性存在于公司和市场两个层面。从公司层面看，股权激励涉及期限较长，在后续期往往会调整方案内容，这些情况形成的信息不确定性会导致投资者对信息披露反应不足，而投资者的延迟反应将导致股价漂移。从市场层面看，市场范围内的不确定性与投资者情绪相互叠加会加强股价漂移效应。

二、投资者心理偏差

投资者心理偏差理论认为，投资者受到心理价位的影响不能及时对市场信息做出完全调整，特别是收益率达到心理锚定值后，对未来的盈余预期会随着信息进一步地出现而缓慢调整（Barberis et al，1998）。最终所有的信息完全释放需要一段时间逐渐地反映到股价上。

本研究的数据模型所呈现的结果与之符合。市场参与者出于保守型心理偏差等原因不能根据当下草案公告对未来盈余做出完全调整。但最终的趋势是与理论模型相符合的，漂移的方向和幅度与公告中的业绩考核指标直接相关，表现为业绩指标越高，市场反应越强，异常收益率越高。

三、投资者有限理性与预期偏差

首先，投资者是有限理性的。同任何投资行为一样，在股权激励引发的套利过程中，投资者表现出有限理性的特征。金融学家研究发现，可以使用时间序列模型预测公司的季度收益，其时间序列模式通常表现出季度性差异。这种相关性在相邻季度最强，并在滞后二阶、三阶后趋于平稳，在滞后四阶处出现反转（Bathke and Lorek，1984；Brown and Rozeff，1979；Foster，1977）。然而，市场参与者不可能都像金融学家那样意识到这种收益的自相关模式，而是将他们的预期建立在随机游走假设之上。即使投资者了解时间序列模式，也不可能完全正确评估其参数。真实的情况是，随着时间的推移，新信息逐渐汇集，市场的预测误差得到调整，进而表现为持续的异常回报。

其次，投资者预期存在偏差。股价对股权激励草案披露的反应体现出对未来盈余的预期，但是短期的股价不可能对所披露的信息做出完全的反应。股权激励草案披露的信息会影响到未来几年，特别是有效期内的盈余。从数据结果看，市场会首先在公告日附近做一波反应，然后在行权期间根据盈余信息等披露的情况做出调整。从理论上看，激励方案的具体内容与后续盈余存在序列相关特征，短期内的市场预期与未来实际盈余存在一定的偏差，换言之，预期存在一定的滞后性，未预期的部分导致了股价漂移异象的产生。具体到股权激励方案中不同的业绩指标层面上看，预期的滞后性会因业绩指标自身的信息含量而异。

四、套利风险阻碍资本市场效率

套利者的存在是资本市场效率实现的微观基础。资本市场效率的维持需要套利成本保持在一个较低的水平或随着交易过程迅速消失。套利成本主要体现在套利过程中取得和分析信息要付出成本，如果套利回报无法弥补成本，就会出现市场定价非效率现象。错误定价持续时间取决于套利回报提高出现的早晚。

传统的有效资本市场理论忽视了套利所面临的风险。但现实中套利风险是不可忽视的。首先，套利者在采取对冲策略进行无风险套利时，很难找到完美的替代股票进行对冲，要面临企业的基本面风险。其次，非理性的噪声投资者的存在使价格更加偏离价值（Shleifer and Vishny，1997），加上卖空限制等交易规则的制约，导致套利者损失。在股权激励相关的股票套利过程中，投资者面临这些风险是不可避免的，因而数据结果呈现出与有效市场假设相悖的情形。

第八章

研究结论与展望

第一节　研究结论

一、股权激励业绩考核指标向资本市场传递了积极信号

本研究旨在明确股权激励公告的业绩考核指标信息的价值相关性。根据有效市场假设，如果市场对于股权激励信息披露做出反应，就意味着市场通过有效方式将与之相对应的信息包括在股价之中，从而表明股权激励草案披露的信息对于投资决策是有意义的。本书通过一个基于交易成本不对称的信号均衡模型，证明了存在股权激励业绩考核指标的信号分离均衡。在价值模型的基础上，嵌入信息披露导致的未预期盈余的持续性和稳定性等因素，探讨了股权激励信号传递过程的内在逻辑，为理解股权激励业绩考核指标信息对资本市场证券价格形成的影响机制提供了一个微观基础。数据结果印证了理论预测。主要结论分为三个方面。

（一）以利润为基础反映股东回报和公司价值创造的业绩考核指标结果

基于净资产收益率业绩指标的证据表明，净资产收益率业绩指标向

市场传递了积极的信号。随着净资产收益率业绩指标强度增大，市场反应越强烈。利润增长率目标结果也呈现出类似的特征。剂量反应函数结果显示，当目标强度大于 0.2 时，随着业绩强度增加，累积异常收益率呈现迅速增加的趋势，最大反应值为 5.42%。可以从两个方面理解以利润为基础的业绩考核指标的信号传递效应。第一，从盈余时间序列特征上看，利润业绩指标向市场投资者传递了未来稳健盈余预期的信号，高目标值意味着良好的可持续的盈利预期；第二，从风险角度看，利润业绩指标提供了一个相对稳定的预期，减少了未来盈余波动的不确定性，从而经过风险调整后的贴现率降低，提高了预期盈余的现值，最终表现为高额异常收益率。实证结果表明，市场捕捉到了这一信号并给予了积极回应。

（二）以收入为基础反映企业持续成长能力的业绩考核指标结果

基于销售收入增长率业绩指标的结果表明，销售收入业绩指标强度越大，市场反应越强烈。这表明收入向资本市场传递了价值相关性信息。由于盈余是收入扣除支出费用后的余额，收入的增长或支出费用的减少都可以提高盈余。可以从两个方面对结果进行解读。第一，收入与费用向资本市场传递的信息存在显著差异。具体来说，由收入增长驱动的盈余增长比由费用降低驱动的盈余增长更具有持久性。这是因为费用的组成部分是异质的，一些组成部分是非经常性的。相比之下，收入比支出更加同质化并且更加持久。第二，从管理层机会主义角度看，收入比支出更难操纵。在收入方面，那些操纵增加收入的方法，通常都违反了会计准则，并且会并受到审计师和证监会的严格审查，并且提前确认的收入在不久的将来也会发生逆转。在费用或支出方面，坏账或重组费用等成本管理行为通常都是在会计准则规定的框架内完成的，使这类行为难以被发现。同时在逆转与费用有关的应计项目的时间方面也有更大的灵活性。因而收入业绩指标能够在利润业绩指标之外，向市场投资者提供增量信息。

（三）　激励标的物选择和行权价格／授予价格结果

股权激励公告中有关标的物选择和行权价格／授予价格也向资本市场传递了信息。在标的物的选择上，市场对以股票期权为标的物的方案的反应比限制性股票更强烈。这是由于股票期权与限制性股票对经理人风险承担行为影响上存在差异。股票期权的收益函数是股票价格的凸函数，而限制性股票的收益函数是线性的，这导致股票期权激励在应对高风险问题时具有优势。行权价格／授予价格能够反映出行权难易程度，预示着管理层在股权激励方案设计过程中存在机会主义行为。根据行权价格／授予价格把样本划分为机会主义组和非机会主义组，结果表明机会主义组的异常收益率比非机会主义组的低。进一步在机会主义组中根据机会主义程度进行分析，结果显示机会主义程度越高，市场反应为负且越强烈；表明市场投资者捕捉到了由行权价格／授予价格所传递出来的机会主义信息，并给予了负面评价。

二、股权激励公告后存在股价漂移异象

在对股权激励事件的长窗口检验中，发现了股权激励草案发布后存在股价漂移异象的证据。总体来看，在股权激励草案发布后至少 2 年内，股票的异常收益率在某种程度上是可预测的，股价漂移方向与公告中业绩考核指标的强度变化一致。这表明在一定程度上存在市场对股权激励公告信息反应不足的迹象。

（一）　基于公司特征匹配 BHAR 法的股价漂移证据

在基于公司特征匹配 BHAR 法的研究中，通过模仿投资者的实际投资经验构造投资组合，采取买入并持有经历过股权激励事件公司的股票、卖空与对应公司相匹配的非股权激励公司股票的套利策略。分别按照等权重、流通市值权重和总市值权重法计算了投资组合的 BHAR。在统计检验时采用基于偏度调整的 t 统计量检验，缓解因长期股票异常收益率的偏态

197

分布导致的偏度偏误问题。数据分析结果表明，以等权重法为例，股权激励草案公布1年后，持有股权激励投资组合的收益率比匹配公司投资组合的要高14.5%，在随后的2~6年内BHAR一直显著为正，分别为24.8%、26.6%、30.9%、21.3%和48.8%，总体上呈现出逐年递增的趋势。

从业绩考核指标角度看BHAR。根据业绩考核指标的四个分位数区间，在每个指标下将样本分成4个套期投资组合，观测各个投资组合在草案公告后的股价漂移情况。结果表明：

第一，利润增长率业绩要求高的组合要比低的组合获得更高的超额回报。净资产收益率业绩考核指标在上四分位数至中位数区间和中位数至下四分位数区间的投资组合，在公告后的两年内存在显著的股价漂移异象。这表明以利润为目标导向的业绩考核指标向市场传递的信息没有被投资者充分解读，市场对于利润指标信息的解读存在滞后性。

第二，销售收入增长率业绩考核指标与BHAR的关系是：股权激励公司和与之匹配的非股权激励公司之间的收益率差异，在股权激励发布1年后统计上基本不具有显著性，但2年后这一差异会变得非常明显，随着考核要求的提高BHAR总体上呈现上升趋势。

第三，基于反映行权难易程度的行权价格/授予价格，构造的投资组合结果表明，对于股票期权，随着行权难度的降低，BHAR呈现出上升的趋势；对于限制性股票，第1年后，BHAR随着行权难度的降低呈现出显著的下降趋势。这可以通过股票期权和限制性股票在行权时，激励对象负担的资金成本来解释。股票期权激励需要激励对象自筹资金购入股票后才能行权，如果金额巨大，会给激励对象带来巨大的资金成本，而相关法律不允许公司为激励对象筹集资金，导致实际操作中行权意愿受阻，从而激励效果大打折扣。相比较而言，限制性股票可以为激励对象节省一大笔购买股票的成本。随着公告时间的推移，这一趋势愈发明确，因而市场对两种情形给出了不同的反应。

（二）基于日历时间投资组合 Jensen-alpha 法的股价漂移证据

以2006年1月为起点，构造日历时间投资组合。构造的原则是，公司股票在股权激励草案公布后的一个月内被纳入投资组合，并且保证持有时间至少为 t 个月。t 的时间选取范围分别是事件月份之后的 12 个月、24个月、36 个月、48 个月、60 个月和 72 个月。然后分别基于 Fama-French三因素模型和五因素模型计算日历投资组合的异常收益率。结果表明，第一，股权激励草案公布后存在一个长期的异常收益率，在 6 年内收益率至少保持在 1.7%；第二，三因素模型的收益率呈现递减趋势，1 年内月平均收益率高达 2.2%，之后逐年递减至 1.7%；五因素模型的收益率由 1年后的 2% 逐渐下降至 1.6%。

基于业绩考核指标重新构造日历时间投资组合，计算基于不同业绩指标下的异常收益率。第一，基于净资产收益率业绩指标的结果表明，投资组合异常收益率的大小与净资产收益率业绩指标成正比。第二，利润增长率业绩指标与投资组合的异常收益率呈正相关关系。第三，销售收入增长率业绩指标与异常收益率呈 U 型关系。第四，基于行权价格/授予价格构造的投资组合结果表明，股票期权投资组合的行权价格越低（越容易），超额收益率越高；限制性股票则呈现出相反的特征，随着行权难度降低，收益率呈现出下降的趋势。

总体来看，日历时间投资组合法的结果与 BHAR 法的结果相互参照，虽然方法不同，但对应部分的结果所展现出来的特征趋势是一致的。

股价漂移异象表明，股权激励披露的信息在向资本市场传递过程中存在交易成本，再加上投资者的预期偏差、资本市场不完全等原因，导致投资者不能对披露的信息做出完全解读，因而公告信息无法充分及时地反映到股票价格中。

第二节　研究展望

随着相关政策的实施、案例的积累和数据的丰富，未来的研究可以从中央企业控股上市公司和家族企业上市公司等方面进行拓展。

一、中央企业控股上市公司股权激励研究展望

深入探讨中央企业控股上市公司股权激励问题具有重大现实意义。2020年4月23日，国务院国资委制定了《中央企业控股上市公司实施股权激励工作指引》（以下简称《工作指引》）。该指引将推动中央企业扩大控股上市公司实施股权激励的覆盖面，构建科学、规范的中长期激励机制，推动企业高质量发展。中央企业服务于国家战略，在国民经济中具有重要地位，这就决定了其在股权激励计划与实施过程中，与普通上市公司有所区别。在公司业绩考核方面，除了反映股东回报和公司价值创造等综合性指标和反映企业持续成长能力的指标之外，还有反映企业运营质量的指标，如经济增加值、经济增加值改善值和资产负债率等。《工作指引》指出，"中央企业主营业务上市公司，一般应当选择经济增加值（EVA）或经济增加值改善值作为考核指标。债务风险较高的企业（资产负债率超过80%），一般应当选择资产负债率作为考核指标"。

根据国务院国资委的统计，中央企业控股的境内外上市公司只有不到30%实施了股权激励，覆盖面还有待提高。①《工作指引》发布后将会有更多的中央企业上市公司实施股权激励计划。今后可以进一步针对该领域进行深入探讨，从适应资本市场发展和企业改制上市的需要出发，积极探索国有控股上市公司实施股权激励的有效机制，对于促进国有资产保值增值，推动国有资本做强、做优、做大具有重要现实意义。

二、家族企业上市公司股权激励研究展望

细化研究家族企业上市公司股权激励问题具有重要的理论价值。家族

① 国务院国资委有关负责人就《中央企业控股上市公司实施股权激励工作指引》答记者问[EB/OL]. [2020-05-31]. http：//www. gov. cn/zhengce/2020-05/31/content_5516304. htm.

企业上市公司是我国资本市场上一股不容忽视的力量。家族企业面临的代理问题具有自身的特殊性，加上代际传承问题，共同决定了家族企业的治理方式与现代企业有所区别。家族企业对经理人的选择和约束除了显性契约外，还存在隐性契约或关系型契约。这对于委托人和代理人长期关系的维系具有重要意义。如何在中国传统的"家文化"的背景下，以基于血缘共同体的家族优势和宗族纽带的信任为切入点，研究家族企业上市公司股权激励的设计与实施效果及其与资本市场的关系，可以丰富股权激励问题的研究。

参 考 文 献

[1] 阿道夫·伯利，加德纳·米恩斯. 现代公司与私有财产 [M]. 甘华鸣，罗锐韧，蔡如海，译. 北京：商务印书馆，2005.

[2] 财政部 国家税务总局关于个人股票期权所得征收个人所得税问题的通知 [EB/OL]. [2005 - 03 - 28]. http：//www. chinatax. gov. cn/chinatax/n363/c1310/content. html.

[3] 财政部 国家税务总局关于股票增值权所得和限制性股票所得征收个人所得税有关问题的通知 [EB/OL]. [2009 - 01 - 20]. http：//www. gov. cn/zwgk/2009 - 01/20/content_1209993. htm.

[4] 财政部 国家税务总局关于完善股权激励和技术入股有关所得税政策的通知 [EB/OL]. [2016 - 09 - 20]. http：//www. chinatax. gov. cn/chinatax/n810341/n810765/n1990035/201609/c2457689/content. html.

[5] 陈红，郭丹. 股权激励计划：工具还是面具？——上市公司股权激励、工具选择与现金股利政策 [J]. 经济管理，2017，39（2）：85 - 99.

[6] 陈效东，周嘉南，黄登仕. 高管人员股权激励与公司非效率投资：抑制或者加剧？[J]. 会计研究，2016（7）：42 - 49.

[7] 杜兴强. 经验会计研究文献回顾 [M]. 厦门：厦门大学出版社，2011.

[8] 菲利普·布朗. 资本市场会计研究导论（第2版）[M]. 杨松令，刘亭立，张卓然，译. 北京：中国人民大学出版社，2021.

[9] 股权激励有关事项备忘录1号 [EB/OL]. [2008 - 05 - 15]. http：//www. csrc. gov. cn/jilin/c105398/c1268079/content. shtml.

[10] 股权激励有关事项备忘录 2 号 [EB/OL]. [2008 - 05 - 15].
http：//www. csrc. gov. cn/jilin/c105398/c1268078/content. shtml.

[11] 关于发布《上市公司股权分置改革管理办法》的通知 [EB/
OL]. [2005 - 09 - 05]. http：//www. szse. cn/marketServices/deal/reform/
t20050906_519275. html.

[12] 关于规范国有控股上市公司实施股权激励制度有关问题的通知
[EB/OL]. [2008 - 12 - 11]. http：//www. sasac. gov. cn/n2588030/n2588954/
c4297767/content. html.

[13] 关于国有高新技术企业开展股权激励试点工作的指导意见
[EB/OL]. [2005 - 12 - 30]. http：//www. most. gov. cn/ztzl/jqzzcx/zzcx-
cxzzo/zzcxcxzz/zzcxgncxzz/200512/t20051230_27337. html.

[14] 关于印发《国有控股上市公司（境内）实施股权激励试行办
法》的通知 [EB/OL]. （2006 - 12 - 06）[2007 - 01 - 31]. http：//
www. csrc. gov. cn/shanghai/c105564/c1270326/content. shtml.

[15] 关于印发《中央企业控股上市公司实施股权激励工作指引》的
通知 [EB/OL]. （2020 - 04 - 23）[2020 - 05 - 30]. http：//www. sasac.
gov. cn/n2588035/n2588320/n2588335/c14735048/content. html.

[16] 国家税务总局关于个人股票期权所得缴纳个人所得税有关问题
的补充通知 [EB/OL]. [2006 - 09 - 30]. http：//www. chinatax. gov. cn/
chinatax/n363/c1341/content. html.

[17] 国家税务总局关于股权激励有关个人所得税问题的通知 [EB/
OL]. [2009 - 08 - 24]. http：//www. chinatax. gov. cn/chinatax/n363/c74724/
content. html.

[18] 国家税务总局关于我国居民企业实行股权激励计划有关企业所
得税处理问题的公告 [EB/OL]. [2012 - 05 - 23]. http：//www. chinatax.
gov. cn/chinatax/n362/c204564/content. html.

[19] 国务院关于推进资本市场改革开放和稳定发展的若干意见
[EB/OL]. （2004 - 01 - 31）[2008 - 03 - 28]. http：//www. gov. cn/

zhengce/content/2008 - 03/28/content_2071. htm.

[20] 国务院国资委有关负责人就《中央企业控股上市公司实施股权激励工作指引》答记者问 [EB/OL]. [2020 - 05 - 31]. http：//www. gov. cn/zhengce/2020 - 05/31/content_5516304. htm.

[21] 韩慧博，吕长江，李然. 非效率定价、管理层股权激励与公司股票股利 [J]. 财经研究，2012，38 (10)：47 - 56.

[22] 简建辉，余忠福，何平林. 经理人激励与公司过度投资——来自中国 A 股的经验证据 [J]. 经济管理，2011，33 (4)：87 - 95.

[23] 李维安，郝臣. 公司治理手册 [M]. 北京：清华大学大学出版社，2015.

[24] 刘宝华，罗宏，周微. 股权激励行权限制与盈余管理优序选择 [J]. 管理世界，2016 (11)：141 - 155.

[25] 卢闯，孙健，张修平，向晶薪. 股权激励与上市公司投资行为——基于倾向得分配对方法的分析 [J]. 中国软科学，2015 (5)：110 - 118.

[26] 吕长江，张海平. 股权激励计划对公司投资行为的影响 [J]. 管理世界，2011 (11)：118 - 126.

[27] 吕长江，张海平. 上市公司股权激励计划对股利分配政策的影响 [J]. 管理世界，2012 (11)：133 - 143.

[28] 让·梯若尔. 公司金融理论 [M]. 王永钦，译. 北京：中国人民大学出版社，2007.

[29] 上市公司股权激励管理办法（试行）[EB/OL]. [2005 - 12 - 31]. http：//www. gov. cn/zhengce/2005 - 12/31/content_5045654. htm.

[30] 上市公司信息披露管理办法 [EB/OL]. [2007 - 01 - 30]. http：//www. csrc. gov. cn/csrc/c101864/c1024663/content. shtml.

[31] 苏冬蔚，林大庞. 股权激励、盈余管理与公司治理 [J]. 经济研究，2010，45 (11)：88 - 100.

[32] 肖淑芳，刘颖，刘洋. 股票期权实施中经理人盈余管理行为研究——行权业绩考核指标设置角度 [J]. 会计研究，2013 (12)：40 - 46.

［33］肖淑芳，喻梦颖. 股权激励与股利分配——来自中国上市公司的经验证据［J］. 会计研究，2012（8）：49 – 57.

［34］谢德仁，崔宸瑜，汤晓燕. 业绩型股权激励下的业绩达标动机和真实盈余管理［J］. 南开管理评论，2018，21（1）：159 – 171.

［35］徐倩. 不确定性、股权激励与非效率投资［J］. 会计研究，2014（3）：41 – 48.

［36］亚当·斯密. 国富论［M］. 郭大力，王亚南，译. 北京：商务印书馆，2007.

［37］袁知柱，郝文瀚，王泽桑. 管理层激励对企业应计与真实盈余管理行为影响的实证研究［J］. 管理评论，2014，26（10）：181 – 196.

［38］赵景文，杜兴强. 经验会计与财务研究基础［M］. 厦门：厦门大学出版社，2009.

［39］证监会发布《上市公司股权激励管理办法》［EB/OL］. ［2016 – 07 – 15］. http：//www. csrc. gov. cn/csrc/c100028/c1001707/ content. shtml.

［40］中国证监会就《证券公司股权激励约束机制管理规定（征求意见稿）》向社会公开征求意见［EB/OL］. ［2013 – 03 – 16］. http：//www. csrc. gov. cn/csrc/c100028/c1002319/content. shtml.

［41］中华人民共和国公司法［EB/OL］. ［2005 – 10 – 27］. http：// www. gov. cn/flfg/2006 – 10/29/content_85478. htm.

［42］中华人民共和国证券法［EB/OL］. ［2005 – 10 – 27］. http：// www. gov. cn/gongbao/content/2005/content_129483. htm.

［43］周正庆. 证券知识读本（修订本）［M］. 北京：中国金融出版社，2006.

［44］Aboody D, Kasznik R. CEO stock option awards and the timing of corporate voluntary disclosures［J］. Journal of Accounting and Economics, 2000, 29（1）：73 – 100.

［45］Aboody D, Kasznik R. Executive stock-based compensation and firms' cash payout：The role of shareholders' tax-related payout preferences

[J]. Review of Accounting Studies, 2008, 13 (2): 216 – 251.

[46] Aggarwal R K, Evans M E, Nanda D. Nonprofit boards: Size, performance and managerial incentives [J]. Journal of Accounting and Economics, 2012, 53 (1 – 2): 466 – 487.

[47] Aggarwal R K, Samwick A A. Executive compensation, strategic competition, and relative performance evaluation: Theory and evidence [J]. The Journal of Finance, 1999, 54 (6): 1999 – 2043.

[48] Aggarwal R K, Samwick A A. Performance incentives within firms: The effect of managerial responsibility [J]. The Journal of Finance, 2003, 58 (4): 1613 – 1650.

[49] Akerlof G. The market for "lemons": Quality uncertainty and the market mechanism [J]. Quarterly Journal of Economics, 1970, 84 (3): 488 – 500.

[50] Ali A, Zarowin P. Permanent versus transitory components of annual earnings and estimation error in earnings response coefficients [J]. Journal of Accounting and Economics, 1992, 15 (2 – 3): 249 – 264.

[51] Anderson M C, Banker R D, Janakiraman S N. Are selling, general, and administrative costs "sticky"? [J]. Journal of accounting research, 2003, 41 (1): 47 – 63.

[52] Angrist J D, Pischke J S. Mostly Harmless Econometrics [M]. Princeton, N J: Princeton University Press, 2008.

[53] Ball R, Brown P. An empirical evaluation of accounting income numbers [J]. Journal of accounting research, 1968, 6 (2): 159 – 178.

[54] Barber B M, Lyon J D. Detecting long-run abnormal stock returns: The empirical power and specification of test statistics [J]. Journal of Financial Economics, 1997, 43 (3): 341 – 372.

[55] Barberis N, Shleifer A, Vishny R. A model of investor sentiment [J]. Journal of Financial Economics, 1998, 49 (3): 307 – 343.

［56］ Bathke Jr A W, Lorek K S. The relationship between time-series models and the security market's expectation of quarterly earnings ［J］. Accounting Review, 1984, 59 (2): 163 – 176.

［57］ Beaver W H. The information content of annual earnings announcements ［J］. Journal of Accounting Research, 1968 (6): 67 – 92.

［58］ Beaver W, Lambert R, Morse D. The information content of security prices ［J］. Journal of Accounting and Economics, 1980, 2 (1): 3 – 28.

［59］ Bebchuk L A, Fried J M. Executive compensation as an agency problem ［J］. Journal of Economic Perspectives, 2003, 17 (3): 71 – 92.

［60］ Bebchuk L A, Fried J, Walker D. Managerial power and rent extraction in the design of executive compensation ［J］. University of Chicago Law Review, 2002 (69): 751 – 846.

［61］ Bhattacharya S. Imperfect information, dividend policy, and "the bird in the hand" fallacy ［J］. The Bell Journal of Economics, 1979, 10 (1): 259 – 270.

［62］ Bolton P, Dewatripont M. Contract Theory ［M］. Cambridge, MA: MIT Press, 2005.

［63］ Brown L D, Hagerman R L, Griffin P A, Zmijewski M E. An evaluation of alternative proxies for the market's assessment of unexpected earnings ［J］. Journal of Accounting and Economics, 1987, 9 (2): 159 – 193.

［64］ Brown L D, Rozeff M S. Univariate time-series models of quarterly accounting earnings per share: A proposed model ［J］. Journal of Accounting Research, 1979, 17 (1): 179 – 189.

［65］ Bryan S, Hwang L S, Lilien S. CEO stock-based compensation: An empirical analysis of incentive-intensity, relative mix, and economic determinants ［J］. The Journal of Business, 2000, 73 (4): 661 – 693.

［66］ Burns N, Kedia S. The impact of performance-based compensation on misreporting ［J］. Journal of Financial Economics, 2006, 79 (1): 35 – 67.

[67] Bushman R M, Smith A J. Financial accounting information and corporate governance [J]. Journal of Accounting and Economics, 2001, 32 (1 – 3): 237 – 333.

[68] Cameron A C, Trivedi P K. Microeconometrics: Methods and Applications [M]. Cambridge, UK: Cambridge University Press, 2005.

[69] Cheng Q, Warfield T D. Equity incentives and earnings management [J]. The Accounting Review, 2005, 80 (2): 441 – 476.

[70] Cyert R M, Kang S H, Kumar P. Corporate governance, takeovers, and top-management compensation: Theory and evidence [J]. Management Science, 2002, 48 (4): 453 – 469.

[71] Denis D J, Hanouna P, Sarin A. Is there a dark side to incentive compensation? [J]. Journal of Corporate Finance, 2006, 12 (3): 467 – 488.

[72] Dimson E, Marsh P. The smaller companies puzzle [J]. Investment Analyst, 1989 (91): 16 – 24.

[73] Dodonova A, Khoroshilov Y. Optimal incentive contracts for loss-averse managers: Stock options versus restricted stock grants [J]. Financial Review, 2006, 41 (4): 451 – 482.

[74] Easton P D, Harris T S. Earnings as an explanatory variable for returns [J]. Journal of Accounting Research, 1991, 29 (1): 19 – 36.

[75] Easton P D, Harris T S, Ohlson J A. Aggregate accounting earnings can explain most of security returns: The case of long return intervals [J]. Journal of Accounting and Economics, 1992, 15 (2 – 3): 119 – 142.

[76] Eckbo, B. Espen, ed. Handbook of Empirical Corporate Finance Set [M]. Amsterdam, Netherlands: Elsevier, 2008.

[77] Ertimur Y, Livnat J, Martikainen M. Differential market reactions to revenue and expense surprises [J]. Review of Accounting Studies, 2003, 8 (2): 185 – 211.

[78] Fama E F, French K R. Common risk factors in the returns on stocks

and bonds [J]. Journal of Financial Economics, 1993, 33 (1): 3 – 56.

[79] Fama E F, French K R. Multifactor explanations of asset pricing anomalies [J]. The Journal of Finance, 1996, 51 (1): 55 – 84.

[80] Fama E F, French K R. The cross-section of expected stock returns [J]. the Journal of Finance, 1992, 47 (2): 427 – 465.

[81] Fama E F. Market efficiency, long-term returns, and behavioral finance [J]. Journal of Financial Economics, 1998, 49 (3): 283 – 306.

[82] Fenn G W, Liang N. Corporate payout policy and managerial stock incentives [J]. Journal of Financial Economics, 2001, 60 (1): 45 – 72.

[83] Foster G. Quarterly accounting data: Time-series properties and pre-dictive-ability results [J]. Accounting Review, 1977, 52 (1): 1 – 21.

[84] Garvey G, Milbourn T. Incentive compensation when executives can hedge the market: Evidence of relative performance evaluation in the cross section [J]. The Journal of Finance, 2003, 58 (4): 1557 – 1582.

[85] Ghosh A, Gu Z, Jain P C. Sustained earnings and revenue growth, earnings quality, and earnings response coefficients [J]. Review of Accounting Studies, 2005, 10 (1): 33 – 57.

[86] Green J R, Stokey N L. A comparison of tournaments and contracts [J]. Journal of Political Economy, 1983, 91 (3): 349 – 364.

[87] Grossman S J, Hart O D. Implicit contracts under asymmetric information [J]. The Quarterly Journal of Economics, 1983, 98 (Supplement): 123 – 156.

[88] Guardabascio B, Ventura M. Estimating the dose-response function through a generalized linear model approach [J]. The Stata Journal, 2014, 14 (1): 141 – 158.

[89] Guay W R. The sensitivity of CEO wealth to equity risk: an analysis of the magnitude and determinants [J]. Journal of Financial Economics, 1999, 53 (1): 43 – 71.

［90］ Gu Z, Jain P C, Ramnath S. In-sync or out-of-sync? The joint information in revenues and expenses ［C］. University of Minnesota, Georgetown University and University of Miami, 2006.

［91］ Hall B J, Murphy K J. The trouble with stock options ［J］. Journal of Economic Perspectives, 2003, 17 (3): 49 – 70.

［92］ Hambrick D C, Mason P A. Upper echelons: The organization as a reflection of its top managers ［J］. Academy of Management Review, 1984, 9 (2): 193 – 206.

［93］ Han B, Hong D, Warachka M. Forecast accuracy uncertainty and momentum ［J］. Management Science, 2009, 55 (6): 1035 – 1046.

［94］ Holmström B. Equilibrium long-term labor contracts ［J］. The Quarterly Journal of Economics, 1983, 98 (Supplement): 23 – 54.

［95］ Holmström B, Milgrom P. Aggregation and linearity in the provision of intertemporal incentives ［J］. Econometrica, 1987, 55 (2): 303 – 328.

［96］ Holmström B, Milgrom P. Multitask principal-agent analyses: Incentive contracts, asset ownership, and job design ［J］. The Journal of Law, Economics, and Organization, 1991, 7 (special issue): 24 – 52.

［97］ Holmström B. Moral hazard and observability ［J］. The Bell Journal of Economics, 1979, 10 (1): 74 – 91.

［98］ Holmström B. Moral hazard in teams ［J］. The Bell Journal of Economics, 1982, 13 (2): 324 – 340.

［99］ Imbens G W. The role of the propensity score in estimating dose-response functions ［J］. Biometrika, 2000, 87 (3): 706 – 710.

［100］ Imhoff Jr E A, Lobo G J. The effect of ex ante earnings uncertainty on earnings response coefficients ［J］. Accounting Review, 1992, 67 (2): 427 – 439.

［101］ Jaffe J F. Special information and insider trading ［J］. The Journal of Business, 1974, 47 (3): 410 – 428.

[102] Jegadeesh N, Livnat J. Revenue surprises and stock returns [J]. Journal of Accounting and Economics, 2006, 41 (1 – 2): 147 – 171.

[103] Jensen M C, Meckling W H. Theory of the firm: Managerial behavior, agency costs and ownership structure [J]. Journal of Financial Economics, 1976, 3 (4): 305 – 360.

[104] Jensen M C, Murphy K J. Performance pay and top-management incentives [J]. Journal of Political Economy, 1990, 98 (2): 225 – 264.

[105] Jenter D, Kanaan F. CEO turnover and relative performance evaluation [J]. The Journal of Finance, 2015, 70 (5): 2155 – 2184.

[106] John K, Williams J. Dividends, dilution, and taxes: A signalling equilibrium [J]. The Journal of Finance, 1985, 40 (4): 1053 – 1070.

[107] Kama I. On the market reaction to revenue and earnings surprises [J]. Journal of Business Finance & Accounting, 2009, 36 (1 – 2): 31 – 50.

[108] Kang S H, Kumar P, Lee H. Agency and corporate investment: The role of executive compensation and corporate governance [J]. The Journal of Business, 2006, 79 (3): 1127 – 1147.

[109] Kormendi R, Lipe R. Earnings innovations, earnings persistence, and stock returns [J]. Journal of Business, 1987, 60 (3): 323 – 345.

[110] Kothari S P, Laguerre T E, Leone A J. Capitalization versus expensing: Evidence on the uncertainty of future earnings from capital expenditures versus R&D outlays [J]. Review of Accounting Studies, 2002, 7 (4), 355 – 382.

[111] Kuhnen C M, Niessen A. Public opinion and executive compensation [J]. Management Science, 2012, 58 (7): 1249 – 1272.

[112] Kuhnen C M, Zwiebel J. Executive pay, hidden compensation and managerial entrenchment [D]. Rock Center for Corporate Governance Working Paper, 2008 (16).

[113] Lipe R. The relation between stock returns and accounting earnings giv-

en alternative information [J]. Accounting Review, 1990, 65 (1): 49–71.

[114] Low A. Managerial risk-taking behavior and equity-based compensation [J]. Journal of Financial Economics, 2009, 92 (3): 470–490.

[115] Lyon J D, Barber B M, Tsai C L. Improved methods for tests of long-run abnormal stock returns [J]. The Journal of Finance, 1999, 54 (1): 165–201.

[116] Mandelker G. Risk and return: The case of merging firms [J]. Journal of Financial Economics, 1974, 1 (4): 303–335.

[117] Martin, S. Advanced Industrial Economics [M]. Oxford, UK: Blackwell Publishers, 2002.

[118] Miller M H, Modigliani F. Dividend policy, growth, and the valuation of shares [J]. The Journal of Business, 1961, 34 (4): 411–433.

[119] Miller M H, Rock K. Dividend policy under asymmetric information [J]. The Journal of Finance, 1985, 40 (4): 1031–1051.

[120] Mitchell M L, Stafford E. Managerial decisions and long-term stock price performance [J]. The Journal of Business, 2000, 73 (3): 287–329.

[121] Mookherjee D. Optimal incentive schemes with many agents [J]. The Review of Economic Studies, 1984, 51 (3): 433–446.

[122] Porter M E. Industry structure and competitive strategy: Keys to profitability [J]. Financial Analysts Journal, 1980, 36 (4): 30–41.

[123] Ritter J R. The long-run performance of initial public offerings [J]. The Journal of Finance, 1991, 46 (1): 3–27.

[124] Robison H D, Santore R. Managerial incentives, fraud, and monitoring [J]. Financial Review, 2011, 46 (2): 281–311.

[125] Salanié B. The Economics of Contracts: A Primer [M]. Cambridge, MA: MIT Press, 2005.

[126] Santore R, Tackie M. Equity-based incentive contracts and behavior: Experimental evidence [J]. Managerial and Decision Economics, 2017,

38 (8): 1194 - 1200.

[127] Shleifer A, Vishny R W. The limits of arbitrage [J]. The Journal of Finance, 1997, 52 (1): 35 - 55.

[128] Spence M. Job market signaling [J]. The Quarterly Journal of Economics, 1973, 87 (3): 355 - 374.

[129] Subramanyam K R. Uncertain precision and price reactions to information [J]. Accounting Review, 1996, 71 (2): 207 - 219.

[130] Williamson O E. Managerial discretion and business behavior [J]. The American Economic Review, 1963, 53 (5): 1032 - 1057.

[131] Yermack D. Good timing: CEO stock option awards and company news announcements [J]. The Journal of Finance, 1997, 52 (2): 449 - 476.

[132] Zhang L. The effect of ex ante management forecast accuracy on the post-earnings-announcement drift [J]. The Accounting Review, 2012, 87 (5): 1791 - 1818.